中公新書 1943

芝 健介著

ホロコースト

ナチスによるユダヤ人大量殺戮の全貌

中央公論新社刊

まえがき

ホロコースト（holocaust）とは何か——。

現在では、特にナチ・ドイツによるユダヤ人大量殺戮《さつりく》を指す。第二次世界大戦がはじまった一九三九年九月からナチ・ドイツが敗北する四五年五月までのあいだに、およそ六〇〇万人のヨーロッパのユダヤ人が殺害された。一民族が、これほど多く、組織的に殺されたケースは歴史上存在しない。

このホロコーストについて、われわれ日本人はどのようにイメージしているだろうか。全体主義体制のナチ・ドイツで、反ユダヤ主義者である独裁者アードルフ・ヒトラーが、「ドイツのユダヤ人」を皆殺しにしろと命令し、「アウシュヴィッツ」で実行された——。大学に入学したばかりの学生たちの話から類推すると、こういったものではないだろうか。

ホロコーストは、日本に限らずヒトラーという狂気に満ちた独裁者が、ユダヤ人への憎悪から発案し、彼の命令によって実行されたととらえられがちである。だが、事実はそのように単純ではない。

その背景には、まずヨーロッパ社会が伝統的に抱えていた反ユダヤ主義があった。一人の独裁者だけでなく、一般の人びとにもユダヤ人を嫌悪する意識が深く浸透していたのである。ヒトラー率いるナチ党（国民社会主義ドイツ労働者党）は、反ユダヤ主義を巧みに政治に取り込み、政権を獲得している。

だが、ヒトラーもナチ党幹部も、当初よりユダヤ人の大量殺戮を考えていたのだろうか。歴史を繙《ひもと》くと、そこから見えるのは、ユダヤ人政策――ドイツでの第二帝制以来の言葉を借りれば、「ユダヤ人問題の『最終（的）解決』」の迷走である。

一九三三年にヒトラーが政権を獲得してはじまったユダヤ人弾圧政策は、当初、ドイツからユダヤ人を「追放」することであった。当時、ドイツ国内のユダヤ人は約五六万人である。ナチ党はユダヤ人をゲルマン民族に害毒を振りまく劣った民族と規定し、さまざまなユダヤ人への差別規定を設け、パレスティナのユダヤ人機関とも協定を結び、ドイツからの追放を画策した。のちには、アフリカのマダガスカル島への移送をも真剣に検討した。

しかし、それには限界があった。一九三八年三月オーストリア、三九年三月チェコ、そして一〇月にポーランドの西半分を支配地に組み込んだことで、さらに多くのユダヤ人を抱えこむことになったからである。このポーランド支配地には二〇〇万人以上のユダヤ人が居住していた。ナチスはドイツ人に土地を与えるため、ユダヤ人を「ゲットー」という指定された居住区に集住させていく。このゲットーでは、劣悪な待遇から多くのユダヤ人が飢えや病で倒れることになる。

だが、この時点でもナチスはゲットーに集住させたユダヤ人を、ソ連への侵攻後、「東方」の地に追放しようと考えていた。

しかし、ソ連領内にはさらに三〇〇万人に及ぶ膨大なユダヤ人が存在したため、ナチスは行動部隊《アインザッツグルッペン》と呼ばれる約三〇〇〇人の殺人部隊を組織し、一九四一年六月のソ連侵攻とともに、同領内のユダヤ人の大量射殺を開始する。年末までに彼らが殺害したユダヤ人は少なく見積もっても約五〇万人にのぼる。

一九四二年以降、独ソ戦が混迷を深めていくと、今度はユダヤ系ポーランド人の殺戮が日程にのぼってくる。アウシュヴィッツに代表される六つの「絶滅収容所」——ガスを用いた殺害施設を作り、大量殺戮を行うにいたるのである。ユダヤ人問題の「最終解決」は、紆余曲折を辿りながら、ガス殺というかたちのホロコーストに行き着くのである。

近年のホロコースト研究では、いつヒトラーがホロコーストの最終決定を出したのか、あるいはそもそもヒトラーはそういった役割を果たしたのかが絶えず議論されている。本書は、そういった問題を意識しながらも、一般読者に向け、ナチ・ドイツのユダヤ人政策が、ホロコーストに行き着く過程の全体像を描くことを目的とする。序章では反ユダヤ主義の背景を説明し、第Ⅰ〜Ⅵ章で本書の中心テーマを描く。また終章では、ホロコーストが、戦後どのように認識され、研究されているのかについて言及する。

ホロコーストが、世界的に広く知られるようになったのは、一九七八年にテレビドラマ『ホロコースト――戦争と家族』が、アメリカNBCで放映されてからである。日本でも同年秋に、翌年にはドイツでも放映され大きな反響を呼んだ。しかし、日本でより広く一般に知られるようになったのはさらに遅く、『シンドラーのリスト』などの映画を通した一九九〇年代以降ではないだろうか。それでもなお、狂気に満ちた独裁者ヒトラーが、ユダヤ人の大量殺戮を命令し、アウシュヴィッツで実行されたといった認識が少なくない。

本書を注意して読んでいただければ、先に述べたようなホロコーストにいたる複雑なプロセス、ドイツのユダヤ人だけではなくヨーロッパ地域のユダヤ人のほとんどが巻き込まれた事実、さらに強制収容所や絶滅収容所が多種存在し、アウシュヴィッツだけではない惨劇が数多くあったことをご理解いただけると思う。

※なお、ドイツ語固有名詞の表記は、原音に近いかたちを採用した。

ホロコースト☆目次
The Holocaust

第２次世界大戦前のユダヤ人口（1933年）

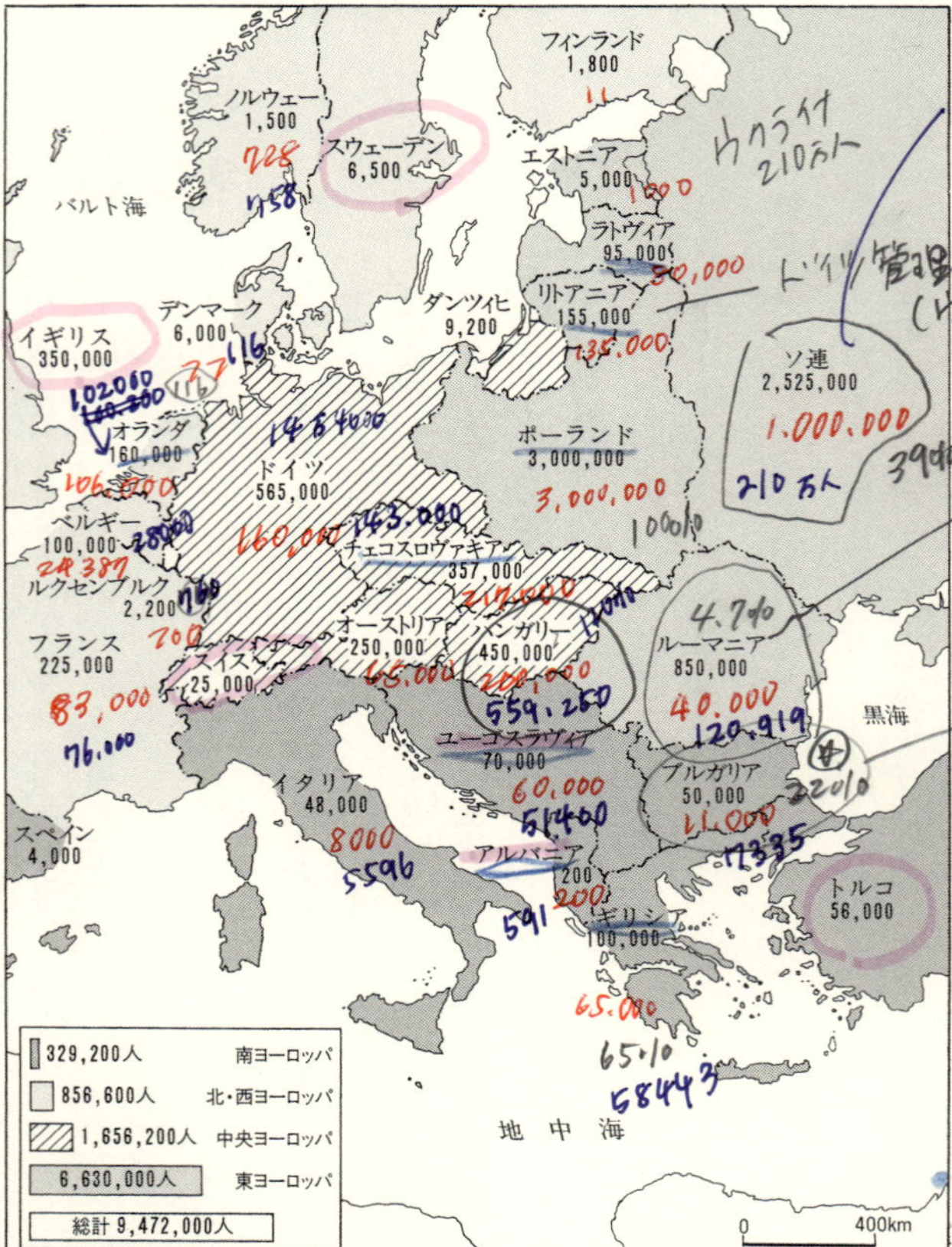

出所：W・ラカー編『ホロコースト大事典』（柏書房，2003年）を基に筆者作製
註：上記以外に，北・西ヨーロッパでアイルランド3600人，南ヨーロッパでポルトガル1000人

ホロコースト

ナチスによるユダヤ人大量殺戮の全貌

The Holocaust

序章

反ユダヤ主義の背景——宗教から「人種」へ

反ユダヤ主義の「伝統」

キリスト教は、周知のようにユダヤ教に起源を持つ。ヘブライ語聖書を神聖な書として受け入れ、「旧約聖書」と呼んだ。だが、キリスト教がユダヤ教から分離すると、自らの普遍性を強調しつつ、イエス・キリストを救世主と認めなかったユダヤ人を侮蔑《ぶべつ》し、イエスの十字架の刑をユダヤ人のせいにした。

四世紀以降、ヨーロッパではキリスト教が公認され広まっていったが、さまざまな異教がキリスト教の前に衰退していくなかで、ユダヤ教は唯一活気のある宗教であった。そのため信者は断続的に虐待を受けることになる。ユダヤ人は儀式のためにキリスト教徒の子どもの血を必要とする、十字架刑を行いキリスト教を冒瀆《ぼうとく》している、人肉食が行われている……、こうした風聞は無根拠ながら俗耳に入りやすく、しばしば反ユダヤ人暴動や迫害の引き金になっていった。

一一世紀以降、商人や職人のギルドが成長しユダヤ人が排除されると、彼らが就ける職種は狭くなっていく。キリスト教徒が高利貸しへの就業を厳しく制限されるなか、ユダヤ人がこうした職を選ばざるを得なくなる。

中世ヨーロッパでは、このようにしてキリスト教社会のなかでユダヤ人は堕落した「非人間」というイメージが定着していく。ユダヤ人の地位が、キリスト教共同体の法律外の存在として半ば固定化され、世俗の支配者はもちろん民衆も処罰されることなくユダヤ人を迫害することができるようになっていく。

イベリア半島のキリスト教徒によるイスラム教徒駆逐運動（レコンキスタ）は、改宗を拒否したユダヤ人とイスラム教徒をスペインから一四九二年（ポルトガルでは一四九七年）に追放して終わった。一方で、他の地域では強制的隔離が行われるようになる。一五一六年には、ヴェネチアに最初のユダヤ人ゲットーが作られた。

非キリスト教徒であるユダヤ人は、キリスト教世界から疎外された存在として、キリスト教徒とともに暮らす権利が認められなくなった。課税は個人にではなくユダヤ教共同体になされ、そのため宗教的アイデンティティが強固になり、ユダヤ教共同体の慣習は強まっていく。

ユダヤ人が市民的自由権を与えられたのは一七九一年、フランスで人権宣言が発せられた二年後であった。だが、同時にユダヤ人たちは、一般社会への同化を求められるようにもなっていく。

「人種的反ユダヤ主義」の登場

一八四八年、フランスの二月革命の影響を受けたドイツやオーストリアの三月革命は、反ユダヤ主義を中欧から全ヨーロッパに広めることになった。革命をリードした自由主義者や急進派にはユダヤ人が多く、彼らは「ユダヤ人解放」を目的の一つに掲げたため、保守的な人びとが体制の破壊者としてユダヤ人を見るようになってきたからだ。また、当時急速に普及しつつあった新聞などのジャーナリズムにもユダヤ人が多く、「新聞はユダヤ人のもの」という右翼によるメディア批判が行われるようになる。

一九世紀後半になると、組織化された反ユダヤ主義運動も現れてくる。たとえばドイツやオーストリアでは、一八七三年ウィーンの金融恐慌に端を発した大不況を背景に、大資本と社会主義運動のあいだにいた下層中産階級が基盤となって反ユダヤ主義運動がかなりの規模で展開される。これはのちのナチズムを思わせる政治運動でもあった。

特にヒトラーが二二歳まで過ごしたオーストリア＝ハンガリー帝国は、ドイツ民族を支配者とする多民族国家として、民族・人種について敏感で、反ユダヤ主義は急進的な人種差別のかたちをとって広がった。ヒトラーが自著『わが闘争』のウィーン時代回顧のなかで高く評価したシェーネラーの運動がまさにそれである。

ゲオルク・リッター・フォン・シェーネラー（一八四二～一九二一）が指導した運動は、

ユダヤ人のキリスト教改宗による同化をめざす「宗教的反ユダヤ主義」ではなく、ユダヤ人から職業選択・交際・居住・結婚の自由などの権利を奪う「人種的反ユダヤ主義」（反セム主義、アンティ・セミティズム）であった。シェーネラーの運動は、人種差別に根差した「例外法」の実施を要求していた。シェーネラーは一八八二年には汎《はん》ゲルマン主義のドイツ民族連盟を組織し、ハプスブルク王朝やカトリック教会も批判し、一九〇一年には国会選挙で二一議席を獲得する。だが、これがピークで人種的反ユダヤ主義はカトリック教会の運動によっても抑制されていく。

G・シェーネラー（上）
K・ルエーガー（下）

しかし、他方で一八九三年キリスト教社会党を創設したカール・ルエーガー（一八四四～一九一〇）の激しい反ユダヤ主義宣伝は、下層中産階級向けの社会改革を訴え、ウィーン市民から支持を得ていた。ルエーガーの煽動的弁舌はヒトラーに感銘さえ与えている。ルエーガーは、一八九七年にウィーン市長に選ばれ、亡くなるまでその職を務めた。都市近代化と福祉行政を推進し、反資本主義・反ユダヤ主義を王権と教会への忠誠と結びつけ成功したといえよう。

ドイツ帝国では、一八七九年ルター派の宮廷説教牧師アードルフ・シュテッカー（一八三五～一九〇九）が、「マルクス主義的社会主義を国家の手による社会改革によって克服すること」「下層階級を保守主義的、キリスト教的官憲国家に取り戻すこと」を目標に、キリスト教社会党を創設する。だが、キリスト教社会党の社会改革プランは一向に具体化されず、もっぱら反ユダヤ主義がこの党の主張になっていく。

彼らはドイツからのユダヤ人排除を求める人種的反ユダヤ主義運動を推進し、一時は反ユダヤ主義運動の主導権を握り、一八九三年には帝国議会選挙で一六議席を獲得する。だが一九一二年の選挙では議席を三にまで減らし（このとき社会民主党は一一〇議席を獲得し第一党に躍進）、第一次世界大戦までは周辺的な現象にとどまることになる。

一九世紀末の反ユダヤ主義は、こうしたオーストリアやドイツに限らず、一八九四年のドレフュス事件に突出して表れたようにフランスでも底流に流れていた。

他方、ロシアでは一八八一年に自由主義的だったアレクサンドル二世が暗殺されて以降、「ポグロム」（ユダヤ人迫害。「破壊」の意味）が非常に大規模に行われるようになる。ポグロムはユダヤ人に危機感を抱かせ、東から西への大規模な移動が行われるようになっていった。

古代ローマ帝国によってパレスティナから放逐されディアスポラ（離散）の運命を強いら

れたユダヤ人は、その後ヨーロッパでは、「スファルディム」（西欧・スペインさらにマグレブ地域在住）と「アシュケナージム」（主に東・中欧地域在住）に分かれ、それぞれ文化を形成していった。

ドイツ系ユダヤ人は、文化的に進んでいると自ら誇ったフランスのスファルディムからアシュケナージムとみなされ、蔑《さげす》まれる傾向にあった。だが、ドイツ系ユダヤ人もまた同様に、ロシア・東欧のユダヤ人を「東方ユダヤ人」とし、区別したがった。ドイツでは一般に東方ユダヤ人は貧しく不潔であるとイメージされていたからである。

第一次世界大戦下のユダヤ人のイメージ

第一次世界大戦は、ドイツにおけるユダヤ人の政治的環境を一変させた。戦争の勃発によってドイツの内政問題は、外敵の脅威によって一挙に解消されたかのように見えた。「城内平和」（＝挙国一致）の雰囲気は、ユダヤ人の心もつかんだ。反ユダヤ主義と闘い、ドイツ・ユダヤ人のアイデンティティ強化に努めていた中央協会（一八九四年設立の民間団体。ドイツ市民としての権利保護に努める）は、熱狂的な志願兵の呼びかけさえ行った。

だが、開戦から二年後、一九一六年半ばから戦局が悪化すると、国内の高揚したムードに翳《かげ》りが見えはじめる。食料不足・耐乏生活・大量死といった予想外の状況に国民の不満は蓄積していく。反ユダヤ主義者たちはその不満を見逃さなかった。彼らはこの機をとらえて「後方におけるユダヤ人の影響力増大」を訴える。ユダヤ人を戦時利得者であると強調し、ユダヤ人は祖国のために戦っていないと非難する。

当時大きな権限を持っていた軍部は、こうした流れを受けてユダヤ人攻撃を黙認するだけでなく、反ユダヤ主義運動に弾みを与える「ユダヤ人統計調査（センサス）」を行った。一九一六年一〇月一一日、プロイセン陸軍省によって強行されたこのセンサスは、志願兵・戦死者・被顕彰者・兵站《へいたん》部勤務兵などのユダヤ人の数だけを徹底調査するという偏向したものであり、ユダヤ人攻撃に根拠があることを裏付けようとするきわめて作為的なものであった。だが、調査結果はプロイセン陸軍省の目論見《もくろみ》とは違って、祖国へのユダヤ人の忠勤ぶりが明らかになるものであり、公表は差し控えられる。

しかし、ユダヤ人は戦争に協力していないというイメージがひとり歩きしたため、戦後創設されたユダヤ系前線兵士全国同盟は根拠がない汚名を雪《すす》ぐため、どれほど祖国に忠勤を尽くしたかの広報活動を精力的に展開することになる。だが「敵前逃亡ユダヤ人」というイメージを消すまでにはいたらなかった。

第一次世界大戦中の事実をデータで述べるなら、ドイツ国内の約一〇万名のユダヤ人が出征し、その77％が最前線で戦い、35％が勲章を授与され、一万二〇〇〇名が戦死した。一〇万名は当時のユダヤ人口全体の二割に相当し、ほかのドイツ人一般よりもはるかに高率だった。彼らは一人のドイツ人として、国のために堂々と戦っていたのだ。

一九一七年の春から夏にかけてドイツでは、領土併合をはじめとする帝国主義的目標実現まで戦争を継続するという「勝利による和平」論と、無併合・無償金による「講和」論との対立が鮮明になる。ドイツ内部の「城内平和」の崩壊は覆いがたくなっていた。

超党派で組織された「全ドイツ連盟」「祖国党」に集まった反ユダヤ主義者たちは、「勝利による和平」、さらには、民主化に向かう議会の動きを封殺する独裁の創設を主張した。

当時、全ドイツ連盟のリーダーで反ユダヤ主義運動の代表格であったハインリヒ・クラース（一八六八〜一九五三）は、一九一七年七月に行われた帝国議会の平和決議について非難し、それは、「ユダヤ的」選挙（＝普通選挙）によって選ばれた議会が成立させたものであって、「汎ユダヤ派」指導のもと、ドイツの見切り売りをはじめたと主張していた。

だが、西部戦線の崩壊によって一九一八年一一月、ドイツは敗戦を迎える。戦時中に独裁的権力を振るったエーリッヒ・ルーデンドルフ（一八六五〜一九三七）は失脚し、ドイツの議会制民主主義が一挙に実現する。独裁を志向した反ユダヤ主義運動も、敗戦によって後退を余儀なくさせられるのである。

敗戦と「背後からのひと突き」論

ドイツは、一九一九年一月の国政選挙の結果、社会民主党を中心に政権が組織される。しかし、反ユダヤ主義はドイツ革命に対する反革命の組織化のなかで再び息を吹き返そうとしていた。

一九一九年二月、小市民層を中心に設立された「ドイツ民族至上主義攻守同盟」は、その綱領の第一に次のような一項を掲げていた。

> 攻守同盟は健全な人種本性の復活・促進によるドイツ民族の美風良俗の再生を追求する。同盟はユダヤ人の抑圧的破壊的影響をドイツ瓦解の主因とみなし、このような影響の排除を、国家・経済復興、ドイツ文化救済の前提と考える。同盟はユダヤ人のもたらす災厄の本質と広がりについて国民を啓蒙し、あらゆる政治的・社会的・経済的手段を用いてこのユダヤ人のもたらす災危を除去することを本務とする。

ここで最も注目されるのは、人種的反ユダヤ主義の要素に「ドイツの瓦解に対するユダヤ人の責任」という考えがつけ加えられたことである。

第一次世界大戦敗北後、ヴェルサイユ講和条約によって戦争責任を負わされたドイツでは、次の戦争では絶対に負けることが許されないという焦りから、「勝利のためには何をやってもよい」「民族の敵、国家の敵、非国民を容赦するな」という、なりふり構わぬ暴力と強圧の論理がまかり通るようになっていく。そして、民族至上主義運動は、一つのデマゴギーを流布させていく。それは「ドイツは戦場では負けていなかった。後方のサボタージュ——卑劣な国内革命分子による『背後からのひと突き』で敗北し瓦解した」というものであった。

この「背後からのひと突き」論は、敗戦と国民の窮迫に最も責任を負うべき軍部を延命させるのに決定的な影響を与えた。さらには、「卑劣な国内革命分子」とされたマルクス主義者やユダヤ人への怨恨《えんこん》を掻《か》き立て、彼らを標的にしたテロを横行させることになる。先に挙げたドイツ民族至上主義攻守同盟の綱領には、ナチ党がのちに繰り返すプロパガンダの中心がすでに表れていた。

第一次世界大戦後の反ユダヤ主義は、誕生したばかりのドイツ最初の共和制の国家であるヴァイマル共和国——彼らにとっては「ユダヤ人共和国」——打倒をめざす運動になり、ヴァイマル民主主義とヴェルサイユ体制が攻撃の対象になっていく。ヴェルサイユ条約はドイツ国民を連合国の奴隷にするものであり、その賠償案をいわれるままに履行しようとするヴァイマル共和国は打倒の対象になったのだ。

彼らは、これに反対するのが真の国民的立場であるとし、共和国打倒の統一戦線を築き、第一次世界大戦以前には見られなかった持続的なエネルギーを獲得していく。実際、旧秩序の瓦解、君主制の解体、革命、敗戦、インフレという大きな混乱が、ドイツの人びとに与えた衝撃と危機感は容易に解消されなかった。反ユダヤ主義運動にとっては一九世紀後半の「大不況」と並ぶかっこうの状況だった。そして、ヴァイマル共和国時代の反ユダヤ主義運動は、ドイツ革命による変革の清算と革命勢力の除去をめざしていく。

ユダヤ人はヴァイマル憲法を通じて完全な市民的同権化を勝ち取ったが、社会では一層執《しつ》拗《よう》になった反ユダヤ主義に直面させられることになったのである。

ナチズムの登場

一九一九年一月五日、ミュンヒェンにおいてアントン・ドレクスラー（一八八四〜一九四二）により、ドイツ労働者党が創設される。九月には、アードルフ・ヒトラーが加入し、一九二〇年二月二四日に国民社会主義ドイツ労働者党（ナチ党 Nationalsozialistische Deutsche Arbeiterpartei）と改称された。ここに、ナチ党の党員、および党員でなくてもこの党を支えていこうとする人びとからなる「ナチス（Nazis）」が生まれたのである。

ナチ党はヒトラーを中心に二五ヵ条の綱領を決定する。その綱領では、ドイツ人を「ドイツ的血液を有する」人間と規定し、生物学的な概念で人種をとらえようとし、次のような三つの条文を掲げていた。

第四条　民族同胞のみが国民たりうる。宗派のいかんにかかわらずドイツ的血液を有する者のみが民族同胞たりうる。ゆえにユダヤ人は民族同胞たりえない。

第五条　国民でない者は、ドイツにおいて正規の成員以外の者（「客員」という訳語を頻繁に見かけるが、適切ではない）としてのみ生活することができ、外国人法の適用を受けねばならない。

アードルフ・ヒトラー（1889～1945）
ナチ党総統兼ドイツ国首相．オーストリアのブラウナウ生まれ．1908年からウィーンで画家を志望するが挫折．13年ミュンヒェンに移住．ユダヤ人憎悪，特に東方ユダヤ人への偏見が強くなる．第１次世界大戦では上等兵として従軍．18年毒ガスを浴び野戦病院入院中，政治家志望に．19年国防軍情報部員として極右ドイツ労働者党の情報収集中，集会での議論に参加後，入党．演説の才で党の看板になり，20年２月25ヵ条の綱領発表，党名を国民社会主義ドイツ労働者党（ナチ党）に変更し，独裁的党指導権を掌握．23年ミュンヒェンで一揆を起こし逮捕，ランツベルク監獄で『わが闘争』を口述執筆．24年末釈放後，党活動を再開，ナチ党は32年７月総選挙で第１党に躍進．33年１月軍・官僚・大企業の支持下ヒンデンブルク大統領によりドイツ国首相に．３月全権委任法成立で実質的に独裁体制を築き，のちに大統領職も兼任．38年軍務相，41年陸軍総司令官にも就任．独ソ戦大敗後，45年４月30日妻エファ・ブラウンと自殺．写真は1932年時．

第七条　われわれは、国家がまず第一に国民の生計・生存の可能性に配慮することを約束することを要求する。国家の全人口を扶養することが不可能であれば、外国籍の者（ドイツ国民でない者）は国外へ退去させられる。

ナチ党のユダヤ人排斥方針は、この綱領によって権力掌握のはるか以前からはっきり明示されていたといえる。

生誕期のナチ党は、イタリア・ファシズムにも強く影響を受けており、街頭での煽動活動の空気がみなぎっていた。一九二三年一一月のミュンヒェンにおける武装蜂起（一揆）は、ムッソリーニのローマ進軍（一九二二年一〇月）にならったものだったが、一揆はあえなく鎮圧され、党首ヒトラーは逮捕される。一九二四年、反逆罪の判決を受けたヒトラーはランツベルクの要塞監獄で禁固刑に服することになる。

『わが闘争』の主張

このとき、ヒトラーの著書『わが闘争』の第一巻が記された。実際は側近ルードルフ・ヘス（のちの副総統。一八九四～一九八七）に口述筆記させたものである。

「一つの決算」という副題を持つこの第一巻は、一二章によって彼の生誕から一九二〇年のナチ党成立（ヒトラー三一歳）までが、自伝的に構成されている。だが、理論的考察が、綱領のように前面に出され、ヒトラーの生い立ちよりはるかに多い。第一一章「民族と人種」などは、ユダヤ人非難が中心であり、ヒトラー自身とはほとんど関係がない。また、全体を通してドイツ教養小説風の記述だが、内容には虚偽が多い。

この『わが闘争』で語られる中心は、第一に、ソヴィエト・ロシアを征服し、そこにドイツ民族・国家の永遠の繁栄を約束する大領土を獲得するという「レーベンスラウム」（生存圏）の追求についてである。

第二には、優勝劣敗の社会進化論から、人種間の闘争が歴史の基礎・動因であるとする「ユダヤ人根絶」まで見据えた人種政策である。

『わが闘争』

この人種政策については、『わが闘争』のなかで最大の章である第一巻第一〇章「崩壊の原因」で言及している。そこでは、第一次世界大戦のドイツ敗北の原因がユダヤ人そのものにあるとし、ドイツ崩壊の邪悪な病原体であると指弾する。そして、あらゆる時代と場所でユダヤ人はまったく変わらないとし、ドイツの労働者を腐敗させる左翼政党、金融資本、国民経済空洞化、議会主義、自由主義新聞、平和主義、知識人も、すべてユダヤ人の道具・手段であると説く。

さらに、第一章「民族と人種」では、善悪二元論の人種間の闘争を描く。ヒトラーは、歴史は文化創造人種アーリア人（善）と文化破壊人種ユダヤ人（悪）との闘争と規定する。彼によれば、過去の偉大な文化はすべて、創造的人種が血を駄目にすることによって滅亡したため、文化を保持するためには、創造的人種を維持しなければならないとする。また民族共同体のために自分の生命をも犠牲にできるのが優等人種、できないのが劣等人種であるともいう。

さらには、梅毒に象徴されるように悪性の疾患にかかった個人＝社会（民族）は、その汚染源＝悪の張本人を根絶することによってのみ救われるとする。国民の肉体の病は、自然に反する思想と行動（民族精神の売春化＝ユダヤ化）の結果であり、自然の法則、つまりは優勝劣敗によってはじめて社会は治癒回復することができるという。

『わが闘争』では、ユダヤ人は殲滅《せんめつ》されるべき絶対的な敵に変貌させられ、この闘いを望まぬ者も生きるに値しないとされている。ヒトラーが考える究極の世界は、「われわれ＝民族共同体だけが生き残ることが許され、あとはユダヤ人＝悪魔か、生きるに値しない者」であった。

ヒトラーは第二章で、こうした考えの契機が「弱々しい世界市民から熱狂的狂信的な反ユダヤ主義者に転成した」修行と苦難のウィーン時代にあったと述べている。
『わが闘争』では、ヒトラーのこうした支離滅裂で毒々しい話が、あらゆる章に展開されている。だが、複雑な社会を単純な陰謀論で解き明かしたこの本は、面倒な手続きと時間のかかる民主制よりは即効の独裁を好んだ人びとの、「バイブル」になっていく。

『シオンの賢者の秘密』とユダヤ人陰謀論

『わが闘争』の発表より早く、一九二〇年代初めにドイツでは、『シオンの賢者の秘密』という偽書が出回っていた。のちに世界規模で反ユダヤ主義を広めたものとして悪名高いこの書は、ユダヤ人の世界支配を企《たくら》む陰謀が存在する決定的証拠とされた。

『シオンの賢者の秘密』

具体的には、世界支配の目標に向けてユダヤ人が党派間の対立を煽《あお》り、自由主義理念を広め、マルクス主義などの助けを借りて信仰や法と権威への尊重を否定させ、最終的にはテロをまき散らして国家間の戦争を起こさせる。すでにフリーメーソンなどを利用して実行されようとしており、この提案者は国際ユダヤ人社会であるというものであった。

たしかに、国際的地歩を確立した観があるロートシルト

（独語読み。英語ではロスチャイルド、仏語ではロチルド）家のような家族もあり、『シオンの賢者の秘密』が主張するユダヤ人秘密政府による世界支配樹立計画が大衆の想像力にかなりの影響を及ぼすことは否定できなかった。

だが現実にはそういった事実はもちろんない。のちにユダヤ人の哲学者ハンナ・アーレント（一九〇六～七五）は、大著『全体主義の起源』（一九五一）で次のように述べている。「五人の兄弟が分かれて五つの国の国籍を持ち、にもかかわらず緊密に協力しながら（中略）金融業を営み、しかも彼らの団結は、これらの国々のあいだに存在する確執や相反する利害によって一瞬たりとも乱されないという家族――もしユダヤ人の世界支配という荒唐無稽な観念を実証したければ、この家族の像に表れたもの以上に恰好《かっこう》な証拠がありえただろうか」と指摘している。

もともとこの偽書は、ロシア人の手によって『シオンの長老の議定書』としてつくられ、一九世紀末から流布されていたが、当初は人びとの関心を惹《ひ》かなかった。だが、第一次世界大戦後、ロシア革命やドイツ革命といった大きな社会動乱が起こると、不安を抱く多くの人びとの心をつかむようになる。

一九一七年のロシア革命後、ロシアの反革命派は、世界の共産革命やボリシェヴィズム化の危険を、ユダヤ・ボリシェヴィズムの世界支配であると喧伝《けんでん》する。一九一八～一九年に刷られたと思われるドイツ語版『シオンの賢者の秘密』は、特にドイツの民族至上主義者や反ユダヤ主義グループのあいだで頻繁に回覧・増刷されることになる。ほとんど自らの演説の出典を明らかにしないヒトラーが、『わが闘争』でこの書にわずかながら言及しているのも、彼が受けた影響の程度をうかがわせて興味深い。

ヒトラーは、バルト海沿岸のエストニア出身で、のちにナチ党の代表的なイデオローグになったアルフレート・ローゼンベルク（一八九三～一九四六）によって、『シオンの賢者の秘密』の存在を知った。ロシアとの協働も考えなかったわけではないヒトラーも、以後ソ連についてユダヤ・ボリシェヴィズムに支配された国という考えを持つようになる。

ヒトラーは、自らが首相となって六周年にあたる一九三九年一月三〇日の国会向け記念演説において次のように語っている。

> もしヨーロッパ内外の国際ユダヤ金融勢力が諸国を再び世界戦争の淵《ふち》に突き落とすことに成功するようなことがあれば、その帰結は全世界のボリシェヴィズム化とユダヤ人の勝利ではない。むしろヨーロッパ・ユダヤ人種の絶滅に終わるであろう。

ヒトラーはこの演説で、国際金融資本とボリシェヴィズムというまったく異質で相対立する現象をユダヤ人の陰謀という『シオンの賢者の秘密』の論理をそのまま引き写し融合させている。従来この演説こそがユダヤ人絶滅を直接予告したとされてきた。だが、こうした解釈は、この章の前半で述べてきたように、ヨーロッパで綿々と続いてきた反ユダヤ主義の系譜から、再考の余地があるといえよう。

「人種衛生学」「社会衛生学」の伝統

ヨーロッパは一九世紀から二〇世紀の転換期に人口革命——多産多死から少産少子化への人口行動パターンの転換を経験する。だが、乳児死亡と出生減少という人口問題を抱えたドイツでは、優生学的な考えが「人種衛生学」という名称で登場してくる。

人種衛生学の中心の考えは、人口の質の保持・改善であったが、総力戦となった第一次世界大戦が勃発すると、人口の増加策が最重要課題になっていく。ドイツは、「質」を問題とする優生学的な時代のなかで、「量」の確保も求められ、「戦時多産奨励」政策を優先させる。

もっとも、戦争の逼迫《ひっぱく》した状況のなかで、人種衛生学者や医療専門家たちは、乳児死亡についての考えを次のように微妙に変化させていく。優生学を高く評価し、大きな影響力を持っていた小児科医の権威アーダルベルト・チェルニー（一八六三～一九四二）は次のように語っている。

「乳児死亡は一つの淘汰《とうた》である。それは大部分、体質的な劣性に関係する。（中略）乳児ケアがたとえ十分に行われたとしても、それはこの劣性を改善できるにすぎず、劣等者を正常な人間にすることはできない」

「われわれは人間を無駄に失うことを許容できない。同様に、全体を犠牲にして劣等者を成人にならせることも許しえない。来るべき新国家に座を占めうるのは壮健な者だけだからである」

一方で、「社会衛生学」は医学・衛生学を国民経済学・統計学と結びつけたものであった。第一次世界大戦後は、ドイツの大学で盛んに論じられるようになった優生学と緊密に結びつき、生殖関連の病気が及ぼす影響に特に関心を寄せる。

当時この分野を代表したベルリン大学教授アルフレート・グロートヤーン（一八六九〜一九三一）は、「病気予防と健康促進をめざす衛生学の目的が完遂される」ためには、「身体的または精神的な劣等者の誕生と（彼らの）生殖が阻止され、強健で価値の高い人間の誕生と生殖が推進されるように、人類の生殖は医師による衛生的な監視のもとに置かれる必要がある」と述べていた。

一九二九年にはじまった世界恐慌は、ヴァイマル共和国の要《かなめ》であった社会衛生諸制度（乳幼児保護・母性保護、学童・青少年に対する保健事業、社会的救護、公衆衛生事業など）に大きな影響を与える。すでに世界恐慌以前から、公的支出の増大と予算の制約という現実に直面していた中央・州政府は、支出が難しくなるなか、財政の合理化と簡素化を進める。ここに優生学が、人口問題と財政支出削減という二つの課題を同時に、しかも最も「合理的」に解決できる科学として広く受け入れられるようになる。優生学は中央・州政府の政策を左右する考えになりはじめていた。

一九三二年七月、プロイセン州（当時ドイツの三分の二を占めた）の保健審議会合同委員会が開かれた。この会議の出席者は、州保健審議会委員二三名（一九二七年ベルリンに設立されたカイザー・ヴィルヘルム人類学・人類遺伝学・優生学研究所の中心メンバー、ヘルマン・ムッカーマンやE・フィッシャーを含む）、学識経験者三六名（医学・衛生学・法曹関係者）、新旧両教会など各種団体代表者八名、中央政府ならびにプロイセン政府の高官一一名などの専門家集団であった。

会議冒頭、議長ハインリヒ・ショポール（州保健審議会会長、国民福祉省保健局長）は、会議開催が必要になった背景について、適切な優生学的方策で福祉負担の削減を探るとし、そのうえで、いかなる保健・福祉・人口政策も「わが国民の遺伝形質への配慮なしには実行不可能である」と述べる。

この問題提起を受け、カイザー・ヴィルヘルム研究所優生学部長ムッカーマンは「国民的優生学」の観点から、「優生学的教育によって結婚および家族形成に影響を与える」「遺伝的に負荷を負った者の数を減らす」「遺伝的に健康な家族を保護する」という三つの重点施策を提案する。その即効的な解決策は「断種・不妊化」の導入であった。

一九三三年一月、ヒトラーは首相に就任し政権を握るが、その半年後の三三年七月、断種・不妊化が制度化されることになる。だがそれ以前から、専門家集団に支えられた公権力による国民の生命と身体への直接的な介入が行われようとしていたのである。

こうした優生学的発想は、ナチ党政権下のドイツで、精神障害者や身体障害者の安楽死といったかたちで具現化していく。同時に優生学的発想は、ユダヤ人を社会国家の保護から排除し抹殺していく発想と、深部では通底していたのである。

第I章

ヒトラー政権と迫害の開始——「追放」の模索

ヒトラー
全権委任

ヒトラーへの全権委任

一九三三年一月三〇日、ヒトラーは首相に就任する。元首相で権威主義的反動といわれるパーペンなどの策謀と、経済界・軍・官僚の要請に動かされたヒンデンブルク大統領の指名によるものだった。

ヒトラーは首相に就任すると、ただちに国会を解散し総選挙を行う。政権についたナチ党は、与党の立場を利用し大統領緊急令によって、集会の自由をはじめ政党の宣伝活動のための合法的な権利・手段を奪う。そのため社会民主党や共産党は不自由な選挙活動を余儀なくされることになった。

二月二七日には、国会議事堂が放火されて全焼するという事件が起こった。当局はオランダ人で元共産主義者の青年を現場で逮捕し、ドイツ共産党の仕業と断定。共産党の国会議員はじめ共産党員の一斉逮捕を行う。これを契機に、翌日には「国民と国家を防衛するための大統領緊急令」を発し、ヴァイマル憲法の基本的人権条項（人身の自由、住居不可侵、信書の秘密、言論の自由、結社の自由、所有権の保障）を停止して、左翼勢力に対する全面的な弾圧政策が行われた。

三月五日、左翼二政党を麻痺状態に追い込んだなかで選挙が行われる。ナチ党の得票率は

43・9％で、国家国民党との連立でかろうじて過半数を制するものであった（社会民主党18・3％、共産党12・3％）。だが、ナチ党はこの選挙結果を「勝利」と喧伝し、三月二三日、いわゆる「全権委任法（授権法）」、つまり議会の立法権を政府の執行権に委《ゆだ》ねる「国民と国家の危難を除去するための法」を、社会民主党が唯一反対するなか、議会の三分の二を超える多数で可決する。そして、この年の夏までにナチ党以外の政党は解散させられることになる。以後、国家諸機関、州政府、言論界、文化組織、青少年組織、スポーツ団体などさまざまな各種諸団体に対して、ナチ組織への統合と吸収が行われる。この「グライヒシャルトゥング」（均制化〈＝強制的同質化、ナチ化〉）と並行して、「国家の敵」「非国民」とみなされた人びとが弾圧されていく。

大統領緊急令公布以後、国民の基本権を停止した戒厳令状態が、半ば常態化されていくのである。

四月ボイコット

権力掌握までは煽動的な反ユダヤ主義の宣伝を展開していたナチ党だったが、独裁体制を構築していくなかで、党是とする反ユダヤ主義をどのように具体的な政策に移し替えていくか苦慮していた。意外かもしれないが、政権発足したばかりのナチ党にとって、ユダヤ人問題は、対応を間違えれば国際的に孤立しかねない難問であった。三月五日の国会選挙での「勝利」が叫ばれるなか、ユダヤ人への暴力行為が噴出し、アメリカやイギリスをはじめとする国外から抗議の声が高まっていたからである。

だが、国外からの批判は、ドイツ国内の反ユダヤ主義を高揚させることになった。四月一日、全国的規模でのユダヤ系商店やユダヤ人医師・弁護士への一斉ボイコットが行われる。この運動のイニシアティヴを執ったのが、新しく設置された国民啓蒙・宣伝省の大臣に就任したヨーゼフ・ゲッベルス（ナチ党ベルリン大管区指導者。一八九七～一九四五）や最も過激な反ユダヤ主義新聞『シュテュルマー』（突撃兵）をニュルンベルクから発信していたユーリウス・シュトライヒャー（フランケン大管区指導者。一八八五～一九四六）ら、ナチ党内でも過激な反ユダヤ主義者であった（「大管区」＝ガウ〈Gau〉とはナチ党の地方組織の最大単位。その指導者は党総統ヒトラーに直属し、支配領

4月1日のボイコット　ユダヤ系商店の前でプラカードを掲げるナチ党員．そこには「ドイツ人よ！　身を守れ！　ユダヤ人の店で買うな」の文字が

域で党事項に関する全権を持っていたため「主権指導者」あるいは「高権指導者」とも呼ばれる)。

実は、反ユダヤ主義のイデオロギーだけでなく経済的理由から、ナチ党を支持する人たちも少なからずいた。たとえば、大資本とユダヤ系資本を同一視する中間層の社会主義グループ、医師・弁護士・大学教授といったユダヤ人の割合が多い職業分野の人たち、ユダヤ人の資産を狙う機会主義者などである。

もっとも、ボイコットという経済への攻撃は、深刻な不況下にあった当時のドイツで、何百万という失業者に加え、さらに労働者・職員を路頭に迷わすおそれがあり、一日で終わった。

ヨーゼフ・ゲッベルス（1897～1945）　国民啓蒙・宣伝相. 1921年ハイデルベルク大学で文学博士号取得. 22年ナチ党入党. 26年ベルリンのナチ党大管区指導者に. 27年機関紙『攻撃』編集長. 28年党宣伝部長, 国会議員に. 33年３月新設の国民啓蒙・宣伝相就任. メディアとプロパガンダを効果的に用い, ユダヤ人の害悪を喧伝. 全国文化院総裁としても文化芸術分野・報道を統制. 44年総力戦全権. 45年ヒトラー自決翌日に妻子とともに自殺.

だが、これをきっかけにナチ突撃隊（ＳＡ）最高指導部は、隊員にユダヤ系商店での買い物やユダヤ人医師への受診を禁ずる命令を発し、第二次世界大戦開始までナチ党内でも突出した対ユダヤ人行動をとることになる。

職業官吏再建法――「非アーリア」人の定義

四月一日のボイコットからほぼ一週間後の七日、「職業官吏再建法」が制定され、ユダヤ人官吏が職務から遠ざけられることになった。

だが、まず排除されたのは、体制の敵とみなされた左翼系公務員である。第二次世界大戦中、首都ベルリンで地下に潜行して母親とともに奇跡的に助かったユダヤ人少女、インゲ・ドイチュクローンの回顧録『黄色い星を背負って』によれば、父親がベルリンの勤務先の公立学校から追放されたのは、「非アーリア」（＝ユダヤ人）であるという理由ではなく、社会民主党員としての活動歴を問われたからであった。つまり、当初は「政治的に信頼できない」（第四条）、あるいは「人員削減の必要」（第六条）という理由からであって、第三条の「非アーリア人種」の退職規定が適用されたわけではなかった。しかし、ナチ党の新同僚から圧力をかけられたり、ナチ党員・突撃隊員による告発や密告を受ければ、公務にとどまることは難しかっただろう。

この第三条にも例外が認められており、第一次世界大戦中に本人が前線で戦った経験があったり、父親や息子を戦場で失っていた場合、あるいは大戦勃発前に公職に就いていた場合には公務にとどまることができた。この職業官吏再建法では、「非アーリア」についての定義はなかったが、四月一一日、「職業官吏再建法暫定施行令」の第二条によって解決が図られる。この条文では次のように「非アーリア」は規定された。

非アーリア人とは、非アーリアの、わけてもユダヤ系の両親、祖父母の系統を引く者で、両親・祖父母のうち一人が非アーリアであれば十分である。特に両親の一人あるいは祖父母の一人がユダヤ教信者であれば、ユダヤ人とみなしうる。

「非アーリア」とは、すなわちユダヤ人であるとし、法律によって明確にユダヤ人の官吏の職からの排除が規定されたのである。

「非アーリア」定義の起源

この「非アーリア」定義については、ヴィルヘルム・フリック（一八七七〜一九四六）がすでに行っていた。

W・フリック

一九二三年のミュンヒェン一揆（ヒトラー一揆）の時代から、ナチ党の顧問弁護士として重用されていたフリックは、一九三三年一月のヒトラー新政権では内務大臣に就任する。彼は各州の内務大臣との連絡を取り合うなかで、職業官吏再建法第三条でいう「非アーリア系」の解釈を行う。そこでフリックは、「宗教」ではなく「血統」「人種」「血」が決定的であるとし、ユダヤ教信徒共同体に属していなくても「ユダヤ人性」を問い追及できるとした。

一般に「不法国家下の合法主義者」と称されるフリックは、親衛隊（SS）全国指導者で一九三六年にドイツ警察長官を兼務することになるハインリヒ・ヒムラー（一九〇〇～四五）との長い権力闘争に敗れていく内務大臣というイメージが強い。だが、フリック自身のラディカルな人種論的反ユダヤ主義者の側面も見落とすべきではない。

職業官吏再建法公布後まもない一九三三年四月二五日には、「ドイツ学校・大学過剰解消法」が制定される。そこでは、ユダヤ系の生徒や学生の入学を生徒・学生入学者総数の1.5％に制限し、学籍のあるユダヤ人子弟の全体数についてもドイツの生徒・学生総数の5％を超えてはならないとされた。

一〇月には、ユダヤ人はユダヤ系以外のジャーナリズムから排除するといった具合に、さまざまな分野で「アーリア条項」が導入される。

一八七一年にドイツ第二帝制が成立して以来、ドイツ社会で進んでいた「ユダヤ人解放」は、ヒトラーが政権を握ったこの一九三三年、決定的に反転したのである。

公職追放されたユダヤ人たち

ここで公職を追われた二人を具体的にみてみよう。

ドイツ第二の都市ハンブルクで長らく福祉局専任スタッフとして務めてきたファニー・ダーフィト（一八九二年生）は、一九二七年には福祉査察官、三〇年には当時女性としてはただ一人バンベルク・ノルト福祉部長として州社会政策の重責を担っていた。だが、一九三三年夏に退職を余儀なくされる。生活に窮したユダヤ人のため、その後はハンブルク・ユダヤ教信徒共同体の福祉専任スタッフとして市のかつての同僚とも折衝を絶やさなかったファニーは、一九四三年六月にはテレージエンシュタット収容所に送られ、その一年後には絶滅収容所であるアウシュヴィッツへ移送されて殺害されている。

ハンブルクの財務局の調査では、一九三四年三月末までに退職に追い込まれたユダヤ系職員はハンブルクだけで八三名に及んだ。全国統計はないが、一九三三～三四年に罷免された各州自治体職員は相当な数にのぼったといってよいだろう。

一九一二年キリスト教に改宗し、一四年の第一次世界大戦開始直後、重度の戦傷を受け傷《しょう》痍《い》軍人になってから福祉行政の職を得ていたユーリウス・プラウトは、一九三四年初めハンブルク中央公文書部に異動させられた。その後、新たに福祉行政を担当したナチ突撃隊員二人から嫌がらせを繰り返し受けたため、「国のために戦い血を流したのだ」と応じたところ、「ユダヤ人のおまえはドイツのためではなく、おまえのユダヤ性のために戦ったにすぎない」といわれ、プラウトがさらに「私はクリスチャンだ」と言い返すと、相手は「俺にとっては人種が問題なのさ」と嘯《うそぶ》いたという。結局、プラウトも一九三四年五月に職を解かれることになる。彼のその後の消息は不明だ。

公務員の次は、州や自治体と契約していた各分野のユダヤ系の法人や個人が排斥の対象となった。たとえば、ドイツ第四の都市ケルンでは、一九三三年三月二七日（職業官吏再建法よりも早いが）、市当局がこれまでの公的注文・委託からユダヤ系会社を排除した。ヒトラー政権は、同年七月一四日「公行政による注文委託に関する原則」を定め、イデオロギーにもとづいた自由経済損害行為は禁止するとしたが、各都市行政レベルではすでに解約が進行していた。ハンブルクでも一九三五年七月初めまでに市当局の病院・福祉機関から委託されていた一〇五名のユダヤ系契約医（契約医全体の約二割）は、すべてその契約を解除された。

ユダヤ系ドイツ人の思い

だが、こうした一連のナチ党の政策にもかかわらず、ユダヤ系ドイツ人（ドイツ国の市民権を持っているドイツ人のユダヤ教徒。その意味でドイツ系ユダヤ人という表現は不適当）の圧倒的多数が自らをまずドイツ人とみなしていた。

ユダヤ系ドイツ人は、ヒトラーの運動が追い風を受けているのは一時的なものにすぎないと思っていた。反ユダヤ主義は克服できないとしたいわゆるシオニストたちは、ヒトラーが政権を掌握する前ではあるが、ユダヤ系ドイツ人のあいだでは2％程度の支持しかなかった。これは多くのユダヤ系ドイツ人が、自分の故郷や生活の基盤を捨てるつもりは毛頭なかったことを示している。

事実、一九三四年六月末「レーム事件」でエルンスト・レームら突撃隊幹部がヒトラーによって粛清された後は、ナチスによる暴力を避けて、住み慣れた地を離れていたユダヤ系ドイツ人のなかには故郷に帰る人たちが増えていた。一九三三年には三万七〇〇〇名のユダヤ系ドイツ人が出国したが、約三分の二にあたる二万四〇〇〇名が隣国フランスに向かい、翌年には約一万名がドイツに帰国していた。パレスティナに向かった人たちは、当時はまだごく少数にすぎなかった。

一九三四年秋以降になると、ユダヤ系ドイツ人による集会がドイツ国内で頻繁に開催されるようになる。そこではしばしば「私たちの祖国、私たちの故郷はドイツしかない」（全国ユダヤ系前線兵士全国同盟幹部クルト・エルスバハ博士）という訴えかけがなされていた。

一九三五年二月の一ヵ月間だけで、ベルリンでは合計三〇〇一回の集会が開催されている。平均すれば一日に一〇〇回以上の集会が行われたことになり、首都ベルリンのゲスターポ（プロイセン州の秘密国家警察。事実上の中央政治警察）も、とても監視人員が足りないと悲鳴を上げていたのである。

ゲスターポの対応

のちにヒムラーに次ぐ親衛隊No.2として悪名を轟《とどろ》かせたラインハルト・ハイドリヒ（一九〇四～四二）は、当時ゲスターポ本部長を実質的に務めており、一九三五年二月一〇日に「監視が行き届かない以上、ドイツにとどまることを訴える集会はすべて禁止せよ」という命令を全国の政治警察支部に慌てて発した。また、ハイドリヒの代理を務めていたヴェルナー・ベスト（一九〇三～八九）は、その二日後、国旗（鉤《かぎ》十字のナチ党旗および黒白赤の帝政期国旗）の掲揚をユダヤ人には許すなという命令を全国のゲスターポ支部に発している。

エルフルトとハレのゲスターポ支部の三月月例報告では、この禁止措置でユダヤ人は動転し悔しがり途方に暮れる反応を示したとし、ケーニヒスベルクからの報告では「自分たちは民族共同体に属さないのだということを思い知ったであろう」としている。

その一方でハイドリヒ、ベストをはじめ、ゲスターポの幹部にスタッフを補充しつつあった親衛隊は、その機関紙『ダス・シュヴァルツェ・コーア（黒色軍団）』（一九三五年四月一〇号）で、ドイツ刑法を補う次のような新条項案を提案していた。

「非アーリアと性交をなしたドイツ人には人種を汚染したがゆえに一～一五年の懲役を科す。この性交で生まれた子にはドイツ国民（公民）としての権利は与えられず、彼らと非アーリアの係累はドイツから放逐される。人種汚染の再犯者には断種・不妊化措置が執られる」

すでに一九三三年七月、ドイツ人遺伝病保持者・精神障害者に対する断種・不妊化が法律化されていた。また、ローラント・フライスラーなどの法務官僚や教会相ケルルは「刑法改革」を検討し、一九三三年九月に「人種反逆罪」導入も視野に入れていた。

ヒトラーの反ボリシェヴィキ・反ソ連イデオロギーに決定的影響を与えた党の筆頭イデオローグ、アルフレート・ローゼンベルクの一九二七年の代表的著作から、以下の一節が盛んに引用されたのも、この時期の反ユダヤ主義者たちの特徴である。

ドイツ人とユダヤ人のあいだの婚姻は、およそユダヤ人がドイツの地で生きることを許される限り禁止される。

（『二〇世紀の神話』）

「異宗婚」問題

一八七一年にドイツ第二帝制が成立して以降、「ユダヤ人解放」すなわちユダヤ教徒の一般ドイツ市民との同権化は、キリスト教徒とユダヤ教徒とのあいだの結婚を促進させていた。当時ドイツは、いうまでもなくキリスト教徒が圧倒的で、三分の二がプロテスタント、三分の一がカトリックであった（ユダヤ教徒は全人口の約1％）。

ドイツでは「ミッシュエーエ」（異宗婚）という言葉があるが、当初、プロテスタントとカトリックのあいだの結婚を意味した。だが、ヴァイマル共和国の時代には、両宗派クリスチャンとユダヤ教徒との結婚も、同様にミッシュエーエと呼ぶようになっていた。こうしたカップルは一九三三年までに三万組を超えていた。

ナチスは、ユダヤ系ドイツ人（ユダヤ教徒のドイツ人）を、ドイツ国籍は持っているが異人種のユダヤ人（ドイツ系ユダヤ人）とみなし、キリスト教徒とユダヤ人の結婚を「異人種婚」ととらえ、このカップルから生まれた子（「ミッシュリンゲ」と呼ぶ）を「混血児」と呼んで差別していった。

しかし、こうした異宗婚では、ユダヤ教徒の配偶者はキリスト教社会に同化する傾向があり、その子どもも基本的にはキリスト教の洗礼を受ける。したがって、ユダヤ系出身者を含む普通のドイツ人家庭と考えるのが筋であった。

ナチ体制のもとで、こうした家庭の子どもたちをどう扱うかが、大きな問題になっていく。配偶者の一方には、多くのキリスト教徒の親族が存在し、ナチ党関係者の縁戚にもミッシュエーエやミッシュリンゲが少なからず存在したからである。

軍と「アーリア条項」

一九三三年四月、陸軍改造プランが出され、ヒトラー新政権成立後、いよいよ再軍備は緊急課題になっていた。そのなかで重要視されたのが、一般兵役義務制（徴兵制）導入であり、それにともなってドイツ国防軍も一九三四年二月二八日、「アーリア条項」を受け入れた。そして、翌一九三五年三月一六日、ヒトラーは、ヴェルサイユ条約の軍備制限条項を破棄する再軍備宣言を行い、徴兵制が実施されることとなる。

だが、すぐにアーリア条項をめぐり問題が噴出する。ヒトラー付軍事副官ホスバッハ大佐（一八九四〜一九八〇）の照会に、国防省が一九三五年四月三日答えた以下の回答がその問題を象徴していた。

「兵役で問題になるのは三〇万八〇〇〇名のユダヤ人と混血ユダヤ人ですが、その約半数が

第一級か第二級の混血です」（「第一級混血」とは二分の一ユダヤ人、「第二級混血」とは四分の一ユダヤ人を指す。詳細は後述）

国防軍としては、「三〇万八〇〇〇名」という人数を兵役対象者から排除したくはなかった。実はヒトラーもまた、兵力として扱うか、ドイツ公民とは違った領域で処遇するべきか揺れていた。ただ、親衛隊の機関紙『黒色軍団』は、「軍にユダヤ人の居場所はない！」といったキャンペーンを張り続けていた。

一九三五年五月二一日、閣議決定で定められた新しい国防法でも、アーリア条項が再度採用された。もっとも、非アーリア人の兵役義務認可命令が七月二五日発せられ、非アーリアでも「第一級・第二級混血ユダヤ人」は、省庁官僚・国防軍将校・遺伝生物学教程修了保健医から構成された審査委員会で審査し、兵役に服せる能力があり、これまでの行動ぶり・人格の全体的印象・政治的信頼度がそこで問題なしと認められれば、現役を務めることが承認されることになった。

しかし、ナチ党内からは、完全なドイツ公民権を「第一級・第二級混血ユダヤ人」が要求するのではないかという異議が唱えられ、一九三五年の春から夏の間、ドイツ的血を有する「アーリア人」とユダヤ人との性交・結婚を禁止せよという声が高まった。ポツダムのゲスターポ支部では六月月例報告のなかで、「ユダヤ人はますます横柄尊大になっている。ユダヤ人問題に関する新たな法的規制が示されるべきときが迫っている」との提言も行っていた。

ニュルンベルク人種法

ユダヤ人問題の法案準備は、ヒトラーの政権掌握直後から本格化したといってよいが、内務省、ナチ党、さらに人種問題の専門家のあいだでは、すでにヴァイマル共和国期から検討されていた。

内務省では、次官シュトゥッカート博士、同省第一局人種問題専門官レーゼナー博士によって、ユダヤ人を「完全ユダヤ人」にのみ限定する法案を準備していた。だが、ヒトラーはこの「限定」を認めなかった。

ナチ党内では、全国医務指導者ゲアハルト・ヴァーグナー博士、彼の代理フリードリヒ・バルテルス博士、ナチ党人種政策局長ヴァルター・グロース博士たちが、ユダヤ人の概念を四分の一ユダヤ人にまで（ヴァーグナーは八分の一ユダヤ人まで主張）拡大しようとした。さらには「異人種婚関係」にあるカップルの強制離婚、「混血」の断種・不妊化も主張したが、こうした要求は認められなかった。

一九三五年九月一五日、ナチ党全国大会が開催されているニュルンベルク（ヒトラーの政権掌握後は毎年一回九月にこの都市で行われていた）で、ヒトラーは急遽《きゅうきょ》国会を開く。すでに

1935年のニュルンベルク党大会

国会はナチ党議員で独占されていたとはいえ、通常は首都ベルリンで召集されるだけに、これは異例のことであった。ここで国会議員全員の喝采をもって可決・公布されたのが、「ドイツ国公民法」「ドイツ人の血と名誉を守るための法」という二つの法律である。これらは合わせて「ニュルンベルク人種法」と呼ばれることになる。

ドイツ国公民法は、ドイツ国公民（公民権保持者）を、ドイツ人またはこれに類縁の血を有する者と定め、それを有しないと断ぜられたユダヤ人を公民資格のない単なるドイツ国籍保持者として二級市民の地位に貶《おとし》めるものであった。

ドイツ人の血と名誉を守るための法は、主にユダヤ人とドイツ人の関係を断ち切るためにつくられたものであり、ユダヤ人とドイツ人の血、またはそれと類縁の血を有するドイツ国民の結婚・内縁関係のとり結びを禁止するものであった。

ほかにも「アーリア人」の女性がユダヤ人家庭の家政婦になることを禁じ（第三条）、ユダヤ人によるドイツ国旗掲揚、ドイツ国徽章《きしょう》表示を禁止していた（第四条）。また、違法の結婚をした者には重懲役を科すと定めていた（第五条）。

しかし、ナチ自ら、以後まとめてニュルンベルク人種法と呼び慣《なら》わすようになったこの二法には、厳密なユダヤ人の定義がなかった。そのため、法務大臣は第五条の処罰対象の不明瞭さを指摘し、一一月一四日に補充的施行令が出されることになる。

ユダヤ人規定

さて、「ドイツ国公民法暫定施行令」では、祖父母の四人がユダヤ人である者だけでなく、祖父母の三人がユダヤ人である「四分の三ユダヤ人」も「完全ユダヤ人」とされた。

また、祖父母の二人がユダヤ人である「二分の一ユダヤ人」（第一級混血）は、四七ページの表のように四つの規定に該当した場合にはユダヤ人とされた。

だが、祖父母の一人だけがユダヤ人である「四分の一ユダヤ人」（第二級混血）は「ドイツ人の血」を持つ人間と一般的には同列とされた。つまりは、ドイツ人として扱われ、「第二級混血」はユダヤ人との結婚は禁止された。

このように自らがユダヤ人であるかどうかは、四人の祖父母の「人種」にかかっていた。ただ、人種といっても明確ではなく、「ニュルンベルク人種法」では、祖父母がユダヤ人であるか否かの証明は、彼らがユダヤ教信徒共同体に所属していたかどうかであった。

これに関連して発せられた内務省回状では、「ユダヤ人かどうかの判断で決定的なのは、原則的にはユダヤ教信徒共同体への所属ではなく、ユダヤ人種に属しているか否かである。しかし証明上の困難を排除するために、祖父母四人のうち誰か一人でもユダヤ教信徒共同体に属していた場合、その祖父母はユダヤ人種の成員となる」としている。

仮に「アーリア系」ドイツ人の血を有していてもユダヤ教信者であれば、その孫のグループ分けの際、この祖父ないし祖母は「完全ユダヤ人」とされたのである。ここに人種論の虚偽性を見て取ることができる。

いずれにせよ、「ユダヤ人混血」「第一級混血」「第二級混血」という差別語は、ニュルンベルク人種法を通して「公用語」になり、ドイツ社会でのユダヤ人差別はさらに厳しいものになっていった。

ちなみに、ユダヤ人の概数は以下のようなものであった（一九三七年内務省統計）。祖父母の四人、あるいは祖父母の三人がユダヤ人である「完全ユダヤ人」で、同時にユダヤ教徒であるのは四七万五〇〇〇人。非ユダヤ教徒のユダヤ人は三〇万人。「二分の一ユダヤ人」（第一級混血）と「四分の一ユダヤ人」（第二級混血）の合計が七五万人であった。

だが、過激な人種論者から見れば、これでユダヤ人規定が解決したわけではなかった。特

ニュルンベルク人種法による「ユダヤ人」

祖父母4人がユダヤ人　→　**ユダヤ人**
祖父母3人がユダヤ人　→　**ユダヤ人**
祖父母2人がユダヤ人　＝　**「2分の1ユダヤ人」（第1級混血）**
　　　　　　　　　　　→　**下記の規定によって判断された**
祖父母1人がユダヤ人　＝　**「4分の1ユダヤ人」（第2級混血）**
　　　　　　　　　　　→　**ドイツ人**

①ニュルンベルク人種法公布時点でユダヤ教信徒共同体に所属していたか，同法公布後所属を認められた場合．②同法公布時点でユダヤ人と結婚していたか，同法公布後結婚した場合．③1935年9月15日以降結ばれたユダヤ人とドイツ的血を持った人間との婚姻で当人が生まれた場合．④同様の婚外交渉の結果，1936年7月31日以降当人が生まれた場合．以上のいずれかに該当すればユダヤ人とされた

註：ただし，人種による規定を謳いながら，祖父母のユダヤ人規定はユダヤ教信徒共同体に属していたかどうかなど，非常に曖昧なものであった

に、ドイツ人とされた二分の一ユダヤ人（第一級混血）をユダヤ人に組み入れようとするナチスの動きはその後も絶えず、ヒトラーもそれに傾いていた。しかし、それはドイツ社会全体に不安を引き起こす可能性もあった。「ユダヤ人混血」の数は膨大であり、これを取り巻く何倍もの「ドイツ人」縁戚がいたからである。そのためヒトラーは、一九四四年秋まで、ユダヤ人の規定を拡張することに慎重であり続けた。

いずれにせよ、ニュルンベルク人種法が、種の規定によって悪名が高いのはいうまでもない。同時にこの法の施行によって、刑法が完全に人種イデオロギーのもとに置かれ、マイノリティに対する差別的例外規定によって、法の前の平等が否定されることになった。この道は、一九三三年二月二八日の大統領緊急令と、三月二三日の全権委任法からレールが

敷かれたものであった。

経済的圧迫

一九三六年二月、スイス在住のナチ党の大物、外国組織ダヴォス支部指導者ヴィルヘルム・グストロフが、ライプツィヒ、フランクフルト、ベルンの大学で医学を学んでいたユーゴ出身のユダヤ系青年ダーフィト・フランクフルターに暗殺された。

反ユダヤ主義者たちの憤りは激しかったが、ヒトラーもナチ党も一切の「報復」を禁止した。ドイツではガルミッシュ＝パルテンキルヒェン冬季オリンピック開催を二日後に控えていたこと、ラインラント非武装地帯へのドイツ軍進駐という、ヴェルサイユ条約侵犯の作戦行動が準備されていたこと、そして、ベルリンでの夏季オリンピック開催も控えていたからである。

もっとも、ニュルンベルク人種法は、その間にも効力を発揮しはじめていた。たとえば、家族手当は、ドイツ国公民法による公民の資格を持たない者には支給されなかった。失業保険手当、傷痍軍人恩給、戦没遺族年金も同様である。そのため、公民の資格を持たないユダヤ系世帯は公的扶助から締め出され、苦境に陥りはじめていた。

また、一九三六年六月には内務省提案にもとづき個別営業からのユダヤ人排除が検討されていた。さらには、内務省と経済省で「ユダヤ人が経済的に新たな地位を得る危険を防ぐ」方策と称して、三つの決議が行われていた。それは第一に、ユダヤ人が自活できる程度の経済活動のみ認める（公的扶助の負担にならない程度）。そして彼らの出国意思を萎《な》えさせないようにする。第二に、豊かになると出国を渋るため、ユダヤ人住民全体の経済活動について大きな可能性を認めない。第三に、ユダヤ商店の識別化、ユダヤ企業のリストアップを一層推進するというものであった。

一九三六年末には、内務次官シュトゥッカートが、経済省へ次のように伝えている。「対ユダヤ人特別課税に、ヒトラー総統は原則的に同意し対応法案準備を進めるよう促された。グストロフ暗殺事件裁判が結審すれば法が公布できるようにしておくよう指示された」

もちろん政府だけでなくナチ党も、経済面でのユダヤ人の「抹殺」、さらには「アーリア化」（ユダヤ人資産没収）へと踏み出していく。

一九三七年初頭における親衛隊保安部（ＳＤ）の「ユダヤ人問題について」という情勢報告を見ると、ユダヤ人の国内人口が排除政策によって20％減ったが、ユダヤ人資本はわずか2％しか減少していないと指摘し、これでは「非ユダヤ化・脱ユダヤ化」の効果はなきに等しいとしている。そのうえで、まず経済からの排除、政治的・法的圧力の強化、出国の技術的可能性の拡大など、ユダヤ人の出国を促すことを訴え、その組織化・効率化を攪乱《かくらん》・妨害するような反ユダヤ主義行動を慎むようにと報告している。

パレスティナのユダヤ機関との協定

実は、パレスティナのユダヤ機関（シオニスト執行部）は、一九三三年夏にはドイツ経済省の周旋でヒトラー政権との間に、「ハーヴァラ（移転）協定」を結んでいた。これはドイツ・ユダヤ人のパレスティナへの出国・資産移転を、ドイツ商品のパレスティナ輸出とセットにしたもので、ユダヤ人のパレスティナへの移住を促すものであった。

だが、一九三七年春にドイツ外務省内では、ドイツ経済の回復によって雇用が創出され、ドイツの反ユダヤ主義を理由とする海外のドイツ商品ボイコット阻止という協定の当初のメリットがなくなったとして、この協定に否定的になっていく。実際、パレスティナへの商品輸出は外貨獲得につながらず、イニシアティヴがユダヤ機関側に握られていたため、アラブ地域を刺激するおそれがあった。

一九三七年五月、ノイラート外相は在外機関へ次のような訓令を出す。

「ユダヤ人国家（ないしユダヤ人の主導する英委任統治下の準国家）の形成は、ドイツの国益を損なう。パレスティナでのこのような国家は、世界ユダヤ人を吸収せず、政治的カトリシズムにとってのヴァティカン、コミンテルン（共産主義インターナショナル）にとってのモスクワと同様に、国際法によって強化された権力的基礎を創り出すからである」

この訓令は、協定反対派を活気づかせた。たとえば、協定廃止派のナチ党外国機関指導者ボーレは、協定維持派の経済省を槍玉《やりだま》に挙げた。それに対して経済省は党総統ヒトラーの態度が最も包括的なユダヤ人移住地域としてパレスティナに関心をつないだと反論している。協定反対派は関係諸機関に対して、ユダヤ人移送のパレスティナへの集中、世界への分散、出国の完全な停止という三案を提示し、いずれかを選択して態度を明らかにするよう迫るようになった。

六月末、外務省は、在外公使館、国内関係諸機関に回状を発して、ユダヤ人移送をパレスティナに集中してきた従来の政策の継続はもはや不可能であり、ユダヤ人すべてのドイツからの出国も「ユダヤ人問題」の全面的解決にならないと強調した。外務省ドイツ局長ビューロ＝シュヴァンテは、「国際ユダヤ人」は必然的につねにナチ・ドイツの世界観に対する敵（＝天敵）である。この原理的敵対関係を踏まえれば「ユダヤ人問題」は、ドイツ対外政策の最重要問題の一つにならなければならないとした。

オーストリア併合と強制出国

パレスティナや諸外国に向けてユダヤ人の出国を促す政策に限界が見えてきたなか、一九三七年一一月から、三八年一一月の「水晶の夜」と呼ばれるユダヤ教会堂（シナゴーグ）・商店への全国一斉襲撃までに起こった新たな展開が、ナチ体制のユダヤ人政策に大きな影響を与えることになる。

ナチ・ドイツは、ヒトラー付軍事副官ホスバッハがメモした「ホスバッハ覚書」によってのちに明らかになる「チェコ・オーストリア侵攻計画」（一九三七年晩秋）から戦争を考えるようになる。結果的には、戦うことなく翌一九三八年三月、オーストリア併合が行われるが、それにともなって、約一八万五〇〇〇名の新たなユダヤ人を抱えることになった。

一方でドイツ国内では、ユダヤ人は窮乏化・貧困化し自発的に出国することが難しくなっていた。一九三七年段階でドイツにとどまっていた約三六万名のユダヤ系ドイツ人のうち、約九万名が本来なら生活保護を受ける状態に追い込まれている。

一九三八年三月二六日、四ヵ年計画全権（軍備総責任者）ヘルマン・ゲーリング（一八九三～一九四六）は、「アーリア化」の組織的実施の必要性を訴えた。それは国家によるユダヤ人資産の接収であり、個別的・恣《しい》意的な略奪行動は許さないとしていた。

三月二八日には「ユダヤ教宗教団体の法律関係に関する法」が公布され、公法団体としての地位が剥奪され、国からの補助が取り消された。ユダヤ人の組織・団体としての権利が奪われる新たな段階を迎えたといえよう。

四月二六日には、ユダヤ人資産申告令が発せられ、五〇〇〇ライヒスマルク以上の資産を持つ者の申告を義務付けるようになる。この命令の施行令ではユダヤ人経営の企業や商店の譲渡・賃貸・用益権契約など商行為すべてについて認可を受ける義務があると規定した。

六月一四日の内相の覚書「経済のユダヤ人」では、「ドイツの経済生活からのユダヤ人の最終的排除のために、国内ユダヤ人の資産が（ユダヤ人の）経済的影響力を発揮しない価値に転換させる」ことを確認している。

窮乏をきわめていくユダヤ人に対して、事態は強制出国の法令が必要とされるようになってきていたのである。

ヘルマン・ゲーリング（1893～1946）　第1次世界大戦に空軍将校として参加．リヒトホーフェン飛行隊の花形戦闘機パイロットとして活躍．政財界にも幅広い人脈を持つ．22年ナチ党入党．23年ミュンヒェン一揆で重傷，モルヒネ常用者になり肥満体化．28年国会議員．32年国会議長．33年ヒトラー政権下無任所国務相，航空相，プロイセン内相．35年空軍総司令官．36年4ヵ年計画全権として軍備を統括．軍備のためにユダヤ人のあらゆる資産を収奪．露骨な反ユダヤ主義者であった．ニュルンベルク裁判死刑判決後，自殺．

見放されたユダヤ系ポーランド人

一方で、当時チェコスロヴァキア領土内ズデーテン地方でドイツ系住民の扱いをめぐって、地域割譲を要求するドイツとチェコスロヴァキアのあいだで緊張が極度に高まっていた。一九三八年五月下旬にはドイツ軍が国境に集結し、チェコスロヴァキアも兵士たちを部分動員し、九月末に行われるミュンヒェン会談までは、いつ戦争に突入しても不思議でない空気が漂っていた。

この間、オーストリア併合で再び注目を浴びていたユダヤ人難民問題の国際会議がアメリカの主導のもと、七月五日〜一五日までフランスのエヴィアンで開催された。だが、結局解決案を見出せず閉会する。世界の関心は「ズデーテン問題」に注がれ「ユダヤ人難民問題」は完全に国際舞台の後景に追いやられてしまった。

また、他方ではポーランド政府の対応が新たな問題を沸騰させる。ポーランドは、ユダヤ系ポーランド人がオーストリアから帰国することを嫌い、国外にいるポーランド国籍のユダヤ人にパスポート更新を認めない国籍剝奪法を定めたからだ。ドイツによるオーストリア併合後の三月末にである。そして、一〇月二九日をもってドイツ・オーストリア在住ユダヤ系ポーランド人の国籍は失効させると声明を発していた。

この期限の三日前、つまり一〇月二六日、保安警察・親衛隊保安部長官ハイドリヒは、一万五〇〇〇～一万七〇〇〇名いるとされたドイツ在住ユダヤ系ポーランド人の国外退去を図る「ポーランド作戦」を展開しはじめる。外国人取扱担当のゲスターポによる最大の強制移送作戦はナチ体制下最大規模のものになったが、ポーランドも受け入れを拒否したため、ユダヤ系ポーランド人たちは、無人地帯で野ざらしの難民状態になった。

世界のメディアもほとんど注目しない状況下、難民のなかに両親が含まれていると伝え聞いたパリ在住の一七歳のヘルシェル・グリュンシュパンは憤激する。一一月七日、グリュンシュパンはパリのドイツ大使館を訪ね、応対した三等書記官フォン・ラートを狙撃する。両親をはじめとするナチスによる強制移送犠牲者の運命を世界に伝えようとしたのだ。

ナチ党の煽動と一一月九日

翌一一月八日付のナチ党機関紙『フェルキシャー・ベオーバハター』（民族の護民官）はトップで、「ショッピング街を牛耳りしこたま儲《もう》けるユダヤ人。外国の仲間連中は対ドイツ戦争を挑発した。（グストロフ殺害の）フランクフルターから今度はグリュンシュパンだ。ドイツ国民はこの犯罪に必ずや決着をつける」と伝えた。

その翌日は、一九二三年一一月九日のミュンヒェン一揆・将軍廟《びょう》前の血の行進から一五周年記念日であり、ナチ党はミュンヒェンで記念行事を展開していた。この日の午後フォン・ラートは死亡。ミュンヒェン旧市庁舎でミュンヒェン一揆を闘った古いナチ党員とともに夕食を終えたヒトラーは、午後九時頃ラート死去の報を受け取った。食い入るような表情でヒトラーはゲッベルスと話したが、その内容は明らかではない。ヒトラーが演説を行うこともなく去った一時間後、ゲッベルスはラートの死を公表し次のように話した。

「クーアヘッセンやマクデブルク＝アンハルトの大管区では、すでに反ユダヤ・デモが起こり、商店が破壊されシナゴーグが焼き討ちされている。総統は、これらの示威行動が準備されたものでもなく組織されたものでもない、自然発生的なものであるのだから、これを抑える必要はない、と話される予定だった」

さらにゲッベルスは、そこに居合わせた全国指導者・大管区指導者たちすべてに対し「党は外向けには示威行動の張本人として登場しないが、実際にはこれを組織し実行するものと了解されたい。ただちに各地へ電話でデモの指示を」と呼びかけた。

電報・電話による指示は、突撃隊レベルでは次のような命令のかたちをとった。

「全ユダヤ人商店を制服を着用した突撃隊員が破壊すること。（中略）突撃隊の管理担当指導者が貨幣を含め有価物を確保すること。報道動員も行う。ユダヤ人シナゴーグに火をつけること。（中略）警察は介入してはならない。総統は警察の介入を望んでいらっしゃらない」

「水晶の夜」と住民の反応

ドイツ全土で突撃隊によって、また一部の地域では親衛隊によって、残虐行為が展開された。この一一月九日夜から一〇日未明に行われた商店などの打ち壊しが、「水晶の夜《クリスタル・ナハト》」といわれるものである。各商店の窓ガラスが砕け散り、水晶のように輝いたからだ。

実行当夜、保安警察に二万名のユダヤ人を拘束し、強制収容所への拘引を命じたのはゲスターポ長官ハインリヒ・ミュラー（一九〇〇～?）であった。拘束された人びとは国外移住を無条件で誓約すれば釈放されたが、万一帰国した場合は無期懲役に処するという恫喝《どうかつ》を受けていた。

強制収容所は一九三三年三月に開設され、この時期、ダハウ、ブーヘンヴァルト、ザクセンハウゼンと三つ存在し、刑法とは別に、主に大統領令に違反した「政治犯」を収容する施設とされていた。

水晶の夜　被害に遭ったユダヤ系商店

「水晶の夜」のユダヤ人被害

殺人被害者	91名（強制収容所への拘引後，数百名没）
重傷者・自殺者	32名（ポーランド国籍２名）
強姦	複数件
身柄拘束者	３万名（７名「アーリア」，３名外国人）註１
略奪・破壊店舗	750
焼失・破壊シナゴーグ	267
住宅焼失・破壊	177
荒廃墓石	ほぼすべて
破損窓ガラス	数万件
ガラス損害額	600万 RM　註２
器物損壊	数百万 RM
ユダヤ人への課徴金	10億 RM

註１：強制収容所へ送致され，その数はダハウへ１万911名，ブーヘンヴァルトへ9815名，ザクセンハウゼンへ5000～１万名．註２：RMはライヒスマルクの略．600万 RMはベルギーの当時の国民総生産の半額

事件の捜査指揮はゲスターポの専権となったが、その後の刑訴手続きはナチ党裁判所が執り、犯罪行為についてどの刑事罰に相当するかの判断をナチ党が独占した。ヒトラーへの免訴願が出され、党による処罰も「真っ当なナチ党員の態度・出動準備態勢に即し目的を逸脱した場合に限る」とし、殺人・放火・破壊行為など荒れ狂ったにもかかわらず、正規の裁判所への犯人引き渡しは「不純な動機」にもとづく性犯罪（「人種醜態」）・略奪のみに限られた。ユダヤ人殺害も刑法犯罪にあたらず政治的行為であり、司法介入の余地はないとされ、犯罪を犯した者たちは罪を問われなかった。ちなみに上表の被害状況はナチ党裁判所が事件審理を通じてまとめたものである。

だが、ユダヤ人迫害を「民の怒り」「国民の憤激」の噴出として演出しようとした当初の計画は

挫折した。「住民は示威行動に対し受動的だった」とする市町村や警察の報告が少なくなかったからだ。もちろん便乗行動はあったが、多くの住民は不安な面持ちで押し黙って事態を眺めていたのである。

フランケン大管区指導者シュトライヒャーも「水晶の夜」の後「国民の圧倒的部分が『正当な民族の怒り』に理解を示さなかった」と住民の関心のなさを慨嘆した。党最高裁判所もまた報告書で次のように記している。

「公衆は、一一月九日のような政治行動が党によって組織され実行されたことを、党自らの認否にかかわらず一人残らず知っている」

すべてのユダヤ人を出国させよ

一一月一二日、「水晶の夜」の処理をめぐる合同会議が、ゲーリングのイニシアティヴのもと「ユダヤ人問題」に関わる省庁・党機関代表を集めて開かれた。

冒頭、ゲーリングはヒトラーが「ユダヤ人問題」について「決定的な措置を中央にあって統轄する」権限を四ヵ年計画全権（軍備総責任者）であるゲーリングに委ねたことを明らかにした。ゲーリングへの権限委任は、「非ユダヤ化」政策がいまや軍備政策に組み込まれたことを示すものであった。

会議では、まずフォン・ラートを殺害したグリュンシュパンの犯罪に対する懲罰として、また国家財政の危機的状況を考慮して、ユダヤ人に一〇億ライヒスマルクの課徴金の支払いを要求することが決定された。ナチスの無頼な群衆《モブ》（mob）が引き起こした莫大《ばくだい》な損害は巨額の保険金支払いを（非ユダヤ・ドイツ人の）保険会社にさせるはずであったが、ユダヤ人の財産差押えによって埋め合わされることになったのである。

第二に、ドイツ経済の「アーリア化」を本格的に進行させるために、ユダヤ系企業の市場価値以下での接収、市場価格での転売、ユダヤ人株の譲渡が決定された。

第三に、ゲッベルスの提案にもとづいて、すべての劇場、映画館、曲馬場、浴場、森林公園へのユダヤ人の立入禁止、また客車における「ユダヤ人コンパートメント」の設定など隔離条項が承認された。

第四に、以上のすべての政策の行き着く目標が、ドイツからのユダヤ人の出国でなければならないことが確認された。

この出国問題でハイドリヒは、オーストリア併合後ウィーンのロスチャイルド・パレスに本拠をおいたアードルフ・アイヒマン（一九〇六～六二）指揮下の「ユダヤ人出国中央本部」の成果を報告した。

この中央本部は、ドイツ国内のように担当諸官庁・党機関が錯綜した関係を排除し、出国

第２次世界大戦以前のユダヤ系ドイツ人の脱出者（1933～38）

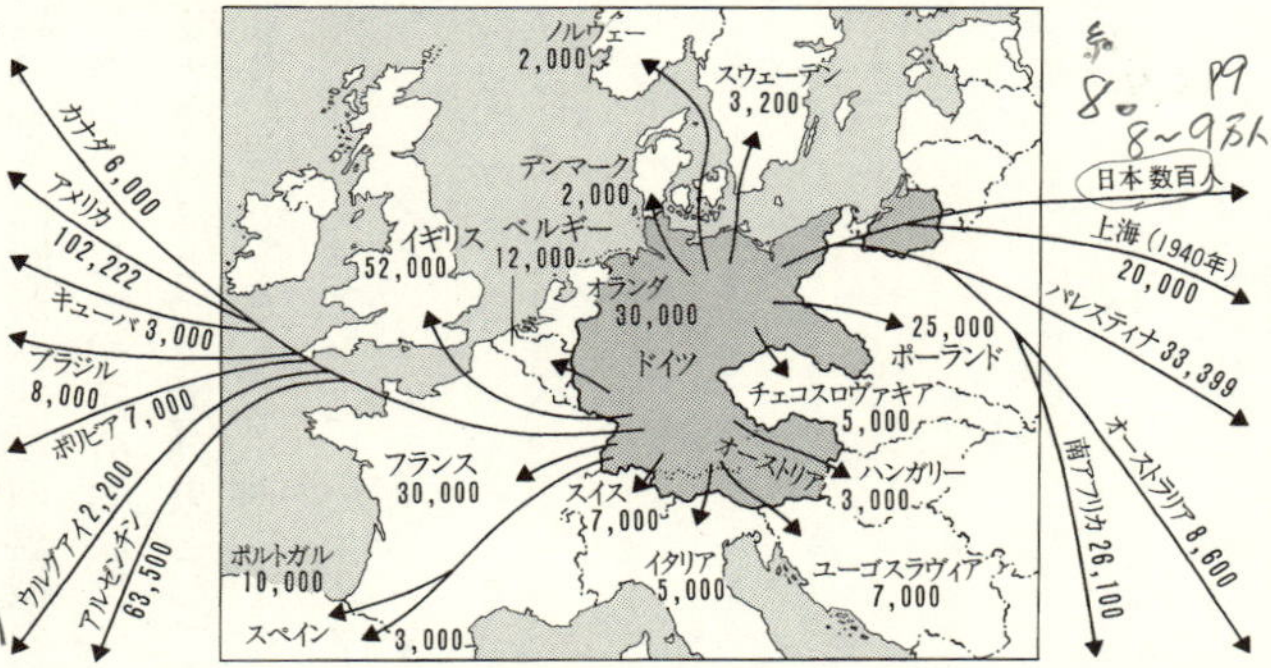

Martin Gilbert, *The Routledge Atlas of the Holocaust*, London 2002. を基に筆者作製

処理を保安部に集中統合するもので、ベルトコンベヤー式に短期間に大量のユダヤ人を出国させたのであった。そして、成果が上がらないドイツ国内にも、出国中央本部を設けることを要求し、ゲーリングに承認された。その結果、翌一九三九年一月二四日ユダヤ人出国全国センターがベルリンにも設けられ、本部長をハイドリヒが務め、ミュラーが直接指揮を執ることになる。

一九三九年三月一四日、チェコスロヴァキアが解体され、チェコがドイツのベーメン・メーレン保護領（ボヘミア・モラヴィア保護領）になると、プラハでもアイヒマンのもとに同様のセンターが組織化され、国外移住の加速化が図られた。

ドイツ国内では七月にユダヤ人全国代表機関が改組され、新たに発足した「ドイツ・ユダヤ人全国連合」にすべてのユダヤ人が強制的に加入させられた。

内相のもとに置かれたこの組織の目的は移住促進であった。

このようにして、経済的収奪によって段階を踏んできたユダヤ人の移住促進策だが、支配するナチスにとって逆効果として現れることになった。移住以前にユダヤ人福祉機関の負担が急増したからである。そのためナチスはさらなる出国策を推進したのである。その一方で、健康ながら失業窮乏化したユダヤ人に対しては、強制労働への徴用がはじまろうとしていた。

第Ⅱ章

ポーランド侵攻——追放から隔離へ

出国策の破綻

一九三八年一一月八日、親衛隊長官（親衛隊全国指導者兼ドイツ警察長官）ヒムラーは、親衛隊将校団の中将以上を集めた定例全国幹部会議の席上で、以下のように話した。

今後一〇年の間に、われわれは危機的対決に直面する。（中略）諸国家の闘争にとどまらず、世界のユダヤ人、フリーメーソン、マルクス主義者、教会との世界観闘争に突入するのである。（中略）もちろんユダヤ人が闘争を駆り立てている原動力、あらゆるネガティヴなものの根源であると私は考えている。ドイツとイタリアが殲滅されてはならない。殲滅されるべきはユダヤ人である。単純明快な結論だ。数年来、ドイツにユダヤ人を残留させないようにしてきたが、類のない苛酷さでさらに追い立てるつもりだ。イタリアも同じ道を進んでいるし、ユダヤ人を欲しないポーランドも闘ってきた。ほかの国々――スウェーデン、ノルウェー、デンマーク、オランダ、ベルギーは現在、反ユダヤではない。しかし時が経てば必ず反ユダヤになる。この国々へわれわれは最良の宣伝のプロを送り込む。ユダヤ人がスイス、オランダなどへ出国し、彼らの典型的な職を手にし出した現在、愛国者たちは反ユダヤになりはじめている。

（中略）チェコは反ユダヤにすでになっているし、バルカン全土もそうだ。パレスティナもすべて絶望的な反ユダヤ闘争の渦中にある。その結果、世界がもはやユダヤ人に提供できる場所はない。反ユダヤ主義の源、発祥地ドイツが燃え上がり、殲滅が行われてはじめて、危機というものが取り除かれる。こうした声がいま囁《ささや》かれているのだ。

（親衛隊全国指導者ヒムラーの秘密演説）

フォン・ラート狙撃事件の翌日、「水晶の夜《クリスタル・ナハト》」の前日に行われたこのヒムラーの演説は、ユダヤ人問題がもはや出国では解決にならないことを表明するものだった。

ハインリヒ・ヒムラー（1900～45）　親衛隊全国指導者兼ドイツ警察長官．学生時代から文化創造はゲルマン民族だけとの偏った人種観を持つ．1923年ナチ党に入党．ミュンヒェン一揆参加．29年親衛隊全国指導者に．33年初の強制収容所設立後，運営を管轄．34年秘密国家警察（ゲスターポ）を掌握．レーム事件で突撃隊幹部粛清に決定的役割を果たす．36年ドイツ警察長官に就任．39年ドイツ民族強化全権．43年内務大臣．全欧州占領地，強制収容所を統括，東欧の民族移動に辣腕を振るい，ユダヤ人絶滅政策を推進した．45年英軍に身柄拘束後，自殺．

前章でみたように、一九三九年三月、ドイツはチェコに武力進駐し、チェコスロヴァキアを解体。ベーメン・メーレン保護領（ボヘミア・モラヴィア保護領）を創設し、新たに一二万名のユダヤ人を抱えることになった。さらに、ポーランド侵攻によって獲得されるであろう地には、二一〇万名ものユダヤ人が生活していた。

東部への領土拡大は、出国策ではもはや追いつくことができない大量のユダヤ人を抱えることにつながる。ヒトラー、親衛隊長官ヒムラー、親衛隊No.2ハイドリヒたちのあいだで、暗黙の了解とされていた出国によるユダヤ人問題の「最終解決」は崩れていく。

ポーランド侵攻と行動部隊の登場

一九三九年九月一日、ドイツは、ポーランドの西部・北部から侵攻する。「電撃戦」と称される破竹の勢いで、各地を制圧していった。一七日にはソ連が独ソ不可侵条約の秘密議定書に則《のっと》りポーランド東部国境より侵攻。二八日にはドイツが首都ワルシャワを陥落させ、ポーランドは一〇月六日、独ソに対して降伏する。独ソは東西の中間を国境線として、分割占領することになった。

ポーランド侵攻後、ドイツ国内のユダヤ人は、夜間外出が禁止され、九月二〇日にはラジオを聴くことも禁止された（翌年七月には電話も禁止される）。ユダヤ人は完全に「敵性外国人」扱いになったのである。しかも、こうした禁止令はヒムラーから発せられており、反ユダヤ政策は彼の手に集中しつつあった。

ドイツはポーランド侵攻時、前線では国防軍が戦ったが、後方の占領地域には治安活動を行う別の部隊を送り込んでいた。これは親衛隊保安部（SD）と保安警察――ゲスターポ（秘密国家警察）を中心とする混成部隊で、「行動部隊《アインザッツグルッペン》」と呼ばれるものであった。

また、ヒトラーの秘密指令によって、すでに警察から人員補給の太いパイプを獲得した親衛隊の軍事組織が、ポーランド侵攻に参加していた。これは一九三九年一〇月末「武装親衛隊」を名乗るが、親衛隊全体が巨大化していたのである。

ラインハルト・ハイドリヒ
（1904～42）　国家保安本部長官，親衛隊№２．1931年海軍中尉免官後，親衛隊情報組織の保安部に．33年バイエルン政治警察部長．34年ゲスターポ部長．36年保安警察・親衛隊保安部長としてヒムラーのもとで，全国の政治警察を掌握，ユダヤ人政策に関わる．39年国家保安本部長官．41年行動部隊を統括．当初シオニズム運動とも接触，憎悪のみの反ユダヤ主義ではなかったが，７月ユダヤ人問題の全体的解決を委任されると絶滅政策を推進．42年１月ヴァンゼー会議を主宰．６月ベーメン・メーレン保護領総督代理としてプラハ滞在中，暗殺．

実際の行動部隊は、七部隊で組織され、その下に一六の「行動隊《アインザッツコマンド》」を持つ総勢二七〇〇名で構成されていた。具体的な任務は、「戦闘を行う国防軍の後ろで、反ナチス・反ドイツである敵をすべて撲滅する」(ハイドリヒによる「親衛隊保安部・保安警察の外地での行動に関する原則」)ことであった。この段階では国防軍も承認していた。

ポーランド侵攻後、行動部隊はこの任務を忠実に行い、戦闘後の占領地で治安を確保しながら、社会の中核の階層(教員、聖職者、貴族、受勲者、退役軍人)、ユダヤ人、ツィゴイナー(シンティ＝ロマ。英語ではジプシー)の排除・抹殺(ナチスは民族的「耕地整理」と表現。現在いわれる「民族浄化」と同意語)を散発的に展開した。

これに対して国防軍から、「耕地整理」は安定した民政指導部が成立したのちに行うべきだと異論も出された。ハイドリヒはそれに応ずることなく、ワルシャワ陥落直前の九月二一日には各行動部隊指揮官に対して、農村に散在するユダヤ人を大都市に集めるよう命じている。

他方で、親衛隊の組織改革も進んでいた。九月二七日、行動部隊の母体である親衛隊保安部と保安警察の統合が行われる。ヒムラーに次いで親衛隊で実質的にNo.2であったハイドリヒ(保安警察・親衛隊保安部長官)は、新組織「国家保安本部」を設置した。この国家保安本部は、ハイドリヒをトップとする二つの組織を統合するものでもあり、悪名高いゲスターポ

親衛隊組織図（1941年12月3日）

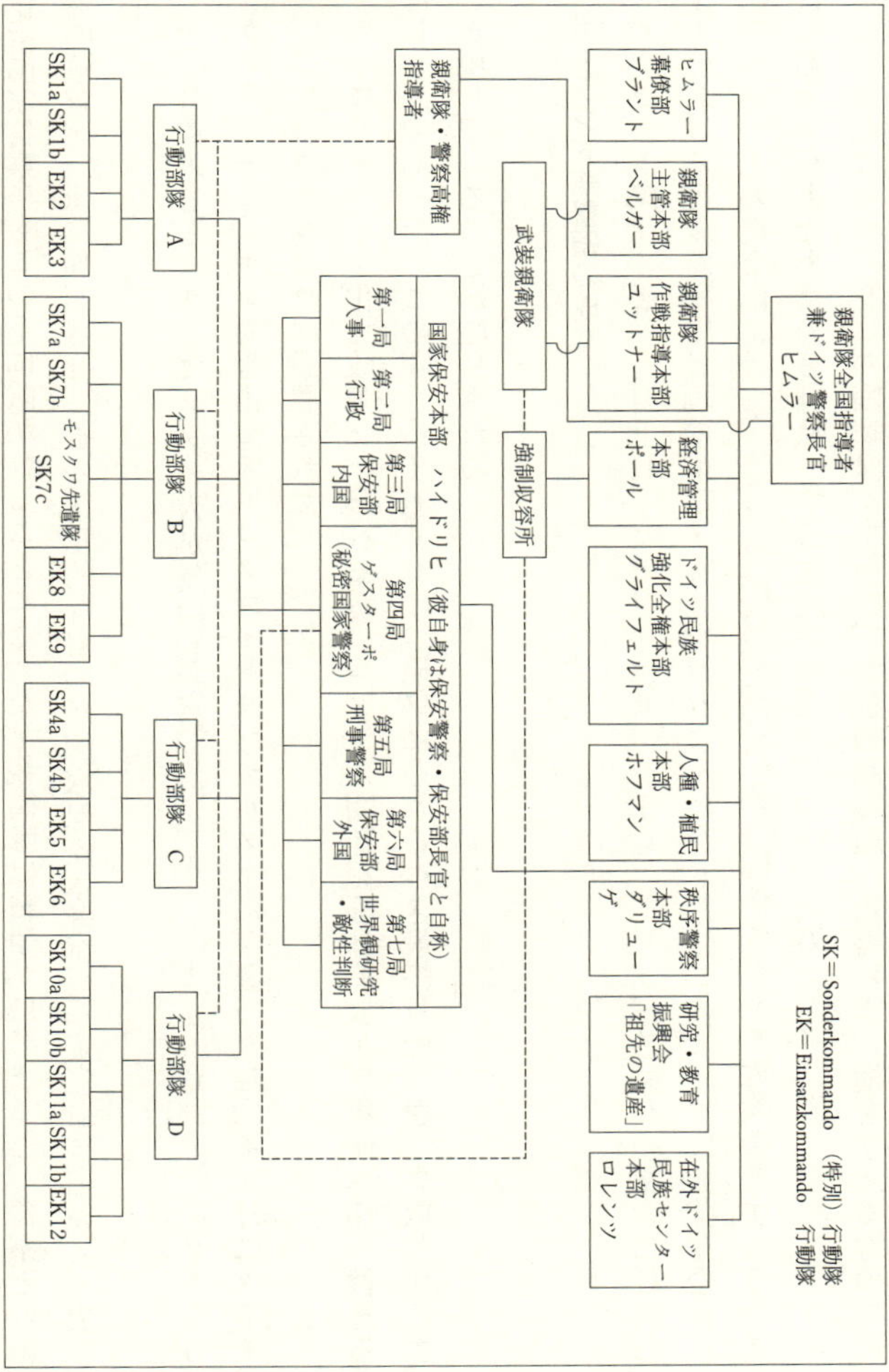
親衛隊全国指導者 兼ドイツ警察長官 ヒムラー
ヒムラー 幕僚部 ブラント
親衛隊 主管本部 ベルガー
親衛隊 作戦指導本部 ユットナー
経済管理 本部 ポール
ドイツ民族 強化全権本部 グライフェルト
人種・植民 本部 ホフマン
秩序警察 本部 ダリューゲ
研究・教育 振興会 「祖先の遺産」
在外ドイツ 民族センター 本部 ロレンツ
親衛隊・警察高権 指導者
武装親衛隊
強制収容所
国家保安本部　ハイドリヒ（彼自身は保安警察・保安部長官と自称）
第一局 人事
第二局 行政
第三局 保安部 内国
第四局 ゲスターポ （秘密国家警察）
第五局 刑事警察
第六局 保安部 外国
第七局 世界観研究 ・敵性判断
行動部隊 A
SK1a SK1b EK2 EK3
行動部隊 B
SK7a SK7b モスクワ先遣隊 SK7c EK8 EK9
行動部隊 C
SK4a SK4b EK5 EK6
行動部隊 D
SK10a SK10b SK11a SK11b EK12
SK=Sonderkommando （特別）行動隊
EK=Einsatzkommando 行動隊

（秘密国家警察）もこの下に置かれることになった。親衛隊は戦争がはじまると、警察との組織的統合を一気に加速させ、その決定的なものが国家保安本部創設であった（前ページ表参照）。

一〇月に入ると、八日にユダヤ人が集住した最初の「ゲットー」（次章詳述）がワルシャワから南東一二〇キロの都市ピオトロクフ・トリブナルスキに、翌一九四〇年二月にウーチ、一〇月にはワルシャワに設置された。

のちに「ゲットー化」政策といわれるが、ユダヤ人問題を国外追放から集住へ切り替えるはじまりであった。この間、ハイドリヒは「極秘にされるべき最終目標」を「先取りする」と表現していることが注目される。

ポーランド総督領の成立

ポーランド降伏の翌一〇月七日、ヒトラーはヒムラーを「ドイツ民族強化全権」に任命し、東方における民族新秩序計画の策定・実施を行うように命じた。このドイツ民族強化全権には、ヒトラーの指令によって、「ドイツ国家および民族共同体にとって危険をなすような異質な部分の有害な影響力を排除」する権能が与えられていた（第一条第二項）。これはヒムラー、さらにはハイドリヒの国家保安本部に、大量強制移送・殺害の実行権を与えるものであ

ポーランド分割と総督領の成立（1939年末）

った。当面の具体的な目標は、スラヴ系民族の排除・強制移住、ドイツ人・民族ドイツ人（ドイツ国籍を持たない在外ドイツ系民族）の入植であった。

一〇月八日、ドイツはポーランド占領地域を大きく二つに分割する。西半分にはダンツィヒ・西プロイセン、ヴァルテラント（以後、「大管区」を意味する「ガウ」を付し「ヴァルテガウ」）という二つの新たな国家大管区を設定し、東部編入領としてドイツ本国に併合した。また東オーバーシュレージエンもオーバーシュ

ハンス・フランク（1900〜46）　ポーランド総督．第1次世界大戦従軍後，反革命義勇軍に参加．1923年ナチ党入党．24年法学博士．30年国会議員．33年バイエルン法相．34年以降無任所国務相（〜45年）．39年にはポーランド総督に．苛酷な占領行政を敷き，「ゲットー化」政策，絶滅収容所設置を容認．彼の勤務日誌には過激なユダヤ人政策が詳細に記されていた．46年日誌が致命的証拠になりニュルンベルク裁判で絞首刑に．

レージエン内に統合した。

これに対して、ワルシャワ、クラクフ、ラドム、ルブリンを含む東半分は、一〇月二六日に「総督領」（「ドイツの主権領域だが、ドイツ国家の構成部分ではない属領」）とされ、ヒトラー直属の総督によって支配されることになった。総督にはナチ党法律問題のトップで無任所大臣兼バイエルン法相のハンス・フランク（一九〇〇〜四六）が任命された（総督府はクラクフ）。

この特殊な総督領は、ドイツに対して農業・工業の労働力を提供する地域と位置付けられ、法にもとづかない支配が行われた。このため住民は、奴隷のような労働を強いられることになる。特にユダヤ人は第一の犠牲者であり、しばしば国家保安本部などによる恣意的虐殺の対象とされた。

ドイツ占領下のポーランド（二つの国家大管区と総督領）では、一九三九年九月の開戦から年末までに約七〇〇〇名のユダヤ人が殺害された（ドイツ国内のポーランド国籍のユダヤ人一〇〇〇～一二〇〇名もまた、開戦後ハイドリヒの命令で、ベルリンの北にあるザクセンハウゼン強制収容所に拉致され、翌一九四〇年二月までにその半数が死亡している）。

占領下ポーランドで注目されるのは、ドイツによる占領行政がはじまってから約一ヵ月後の一一月二三日、一〇歳以上のユダヤ人は白地に青のダヴィデの星を象《かたど》った腕章を付けることが強制されたことである。これはドイツ本国では実施されていないラディカルなユダヤ人政策であった。

民族ドイツ人の移動・入植

ポーランドには、ナチ・ドイツによる侵攻以前、一一九万名の民族ドイツ人が存在したが、ドイツ侵攻後、ソ連が東部ポーランドを占領したため、一九三九年段階で東部ポーランドからは二万八〇〇〇名の民族ドイツ人がヴァルテガウへ移動させられた。一九四〇年には総督領からヴァルテガウへ三万名が移動させられた。これらの移動は、ドイツ民族強化全権のヒムラーの命令であった。ヒムラーは東部ゲルマン化政策（一九四〇年に「東部総合計画」とし

民族ドイツ人の移住（1939〜41年）

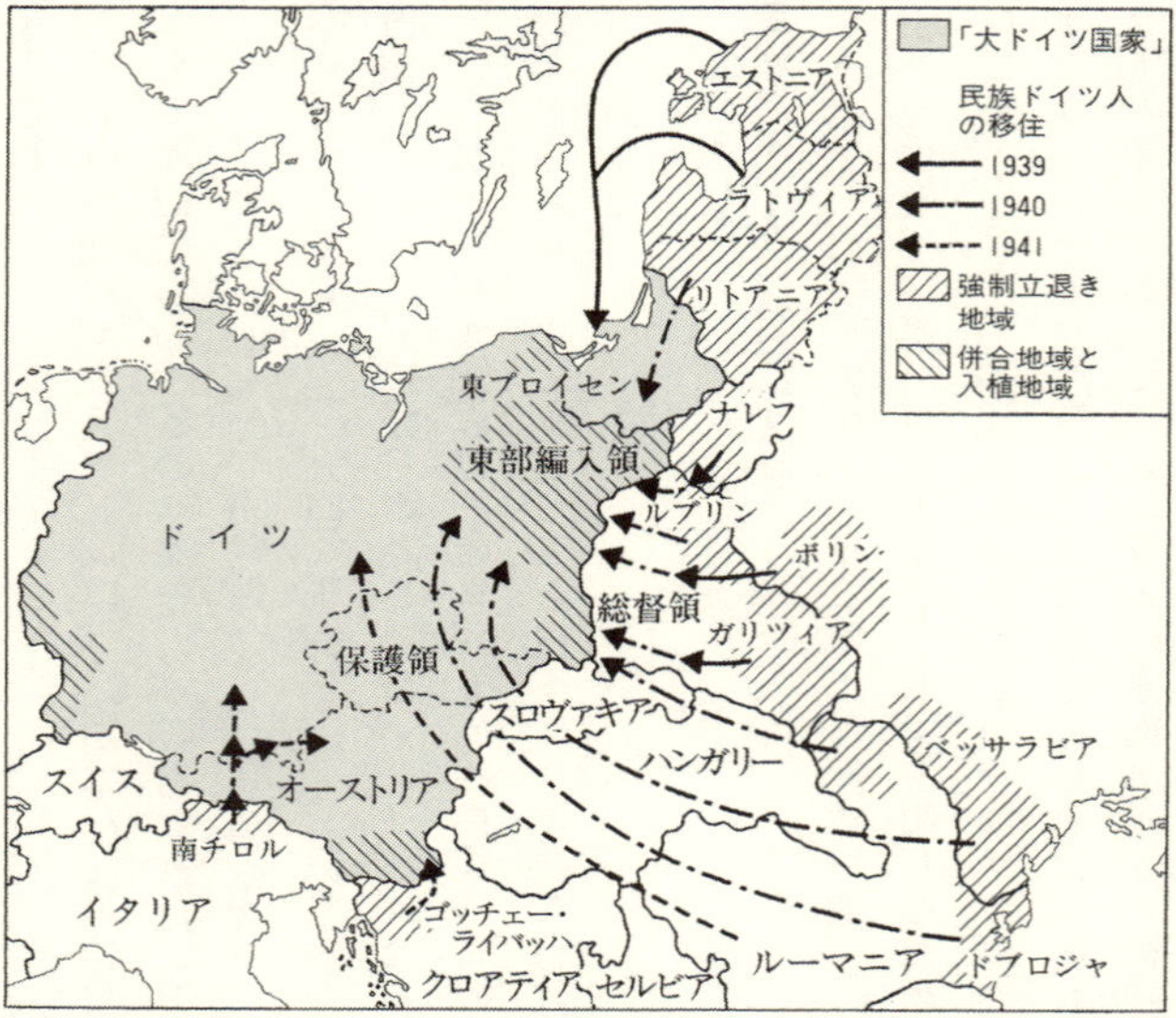

Götz Aly, *"Endlösung". Völkerverschiebung und der Mord an den europäischen Juden*, Frankfurt a. M. Main, 1995　を基に筆者作製

て策定されたバルト海沿岸諸国・ポーランドへのドイツ人入植プラン）にもとづいて、ポーランド地域の再構成を図っていた。

ユダヤ人を除外すれば、第一次世界大戦後、ドイツ系民族ほどマイノリティとしてドイツ外で暮らす人口が多かった民族はない。ナチ体制期、「フォルクスドイチェ」と呼ばれた民族ドイツ人は、一九三七年時、一〇〇〇万名近くにのぼった。ナチ党の定義では、オーストリア、スイスのドイツ人は、「ドイツ人」として扱われており、このなかに含まれていない。民族ドイツ人は、オーストリア、スイス以外の「ドイツ語を話す圏」ないし「ドイツ人入植地」で生活していたドイツ系民族を指している。

一口に民族ドイツ人といっても、実に多様である。たとえば、エストニアやラトヴィアのバルト・ドイツ人のように、中世におけるドイツ騎士団の遠征、東方進出や征服、植民活動を起源とする人びと。一八世紀以降、ロシアのヴォルガ河流域に移住したヴォルガ・ドイツ人や、バイエルン南西部のシュヴァーベン地方からドナウ河中流などに移住したシュヴァーベン人のように圧倒的な非ドイツ系民族のあいだに定住した人びと。また一九世紀以降、国際会議や戦争による国境の移動によって、中欧・東欧・バルカン各地域に生まれた人びと。このように民族ドイツ人には、歴史的状況を異にするさまざまなケースがあった。ナチ・ドイツは、彼らをドイツ領域内に移住させようと試みる。

この移動を行う前に、民族ドイツ人のための空きスペースを設けるため、ヴァルテガウからはユダヤ人とポーランド人が強制立退きを命ぜられることになる。

障害者のガス殺

以前より、精神障害者や身体障害者を「生存に値しない命」としていたナチスは、占領下ポーランドで、彼らに対する大量殺害をはじめた。

かつての研究では、ナチスによる障害者の殺害は、ポーランド侵攻後、戦争遂行を著しく妨げる存在であるとしてドイツ本国ではじまったとされてきた。だが、近年、ヴァルテガウの都市ポズナニ（独語名ポーゼン）で、それ以前から本格的に行われていたことが明らかにされてきている。

ドイツによる占領行政がはじまり、障害者施設の管理者や施設ベッドを「替える」のと合わせて、銃殺されたのである。これはドイツ民族強化全権ヒムラーの権限で、在外ドイツ民族の移住が名目であった。

また、ポズナニ北のオヴィヌスカ（独語名トレスカウ）では、一〇月末から一一月末にかけて森林のなかで八七〇名のポーランド人患者、三〇名のユダヤ人患者が射殺された（ただし約一〇〇名のドイツ人患者はしばらくは殺害を免れた）。

ヒトラーは、遅くともポーランド侵攻の前月である一九三九年八月には、総統官房長フィリップ・ブーラーと医師カール・ブラント博士に対して、障害者殺害の委任命令を出していた。これは、「安楽死」作戦と呼ばれ、拠点が現在のベルリン・フィルハーモニーの本拠地の近くにあるティアガルテン四番地にあったことから、「T4」というコード名で呼ばれていた。

最終的に、一〇月初めに総統官房と国家保安本部刑事技術研究所（KTI）の薬理学者たちとのあいだで、一酸化炭素ガスの使用が決定された。アルベルト・ヴィートマン博士（国家保安本部全国刑事警察局内の生物・化学専門〈Ｄ２〉課長。一九一二～没年不明）の提案だった。

一酸化炭素ガスによる最初の実験は、かつては一九四〇年一月半ばにドイツのブランデンブルクの旧監獄施設で行われたとされてきた。だが、最近の研究で、一九三九年一〇月にポズナニ近郊の要塞（九月末より親衛隊の強制収容所）で、すでにツィクロンＢ《ベー》（チクロンＢ《ビー》、発疹《はっしん》チフスを媒介するシラミの殺虫剤。第Ⅵ章で詳述）を併用したガス殺実験が行われたことが明らかになってきている。そして、一九三九年末から四〇年にかけての冬の期間に、ポーランドで一万～一万五〇〇〇名にのぼる数の障害者がガス殺された。

実行部隊は、武装親衛隊と国家保安本部の行動部隊《アインザッツグルッペン》であった。特にヴァルテガウの親衛隊責任者（親衛隊・警察高権指導者）ヴィルヘルム・コッペ（一八九六～一九七五）に直属したヘルベルト・ランゲ（一九〇九～四五）指揮下の「ランゲ特別行動隊《ゾンダーコマンド》」は一九三九年末には移動「ガス・トラック」を開発し、一九四〇年初めには実行していた。これがのちにユダヤ人の大量虐殺を行うヘウムノ絶滅収容所につながっていく。

ドイツ国内から東部へ

ドイツ国内でも障害者に対する大量殺害は行われた。その最初の犠牲者はユダヤ人の精神病患者であった。

一九四〇年四月一五日、内務大臣の命令で施設にいるすべてのユダヤ人が拘束され、六月から徹底した殺害が実行された。ドイツ中部ヘッセン州ハダマールの施設では、殺害前トービアス芸術映画会社によってユダヤ人患者の撮影が行われた。のちにこのフィルムには「人間の屑《くず》」というタイトルが付けられている。

一九四一年に入ると、殺害は同性愛者、政治犯などが入れられた強制収容所にまで拡大された。ヒムラーと総統官房長ブーラーとの協議で、収容所内で難病のため働けなくなった人びとや身体障害者（極度の近視を含む）が殺害対象だった。T4組織からは三つの医師団が、ダハウ、ザクセンハウゼンなどの強制収容所に派遣され選別が行われた。

しかし「安楽死」作戦に対しては、一九四〇年から遺族の抗議や施設の周辺住民から苦情が起こっていた。七月にはブランデンブルク州ハーヴェル市の裁判官が法務大臣に対して「安楽死」作戦は不法殺人であると訴え、アメリカのCBSなど海外のメディアも報道をはじめていた。一九四一年八月、ミュンスターの司教ガレン伯爵の抗議を受けて、（密かに続行されることにはなるが）ヒトラーからは公式に打ち切りの命令が下された。

実はこの「安楽死」作戦に従事したスタッフが、その後オディロ・グロボチュニク親衛隊中将（一九〇四〜四五）のもとに派遣される。彼は東部でユダヤ人絶滅作戦を計画中であり、のちにラインハルト作戦と呼ばれる三つの絶滅収容所建設の中心になる。障害者を対象とした「安楽死」作戦は、ユダヤ人大量殺戮と大きく連関していたのである。

フランス占領とマダガスカル計画

一九三九年九月三日、ドイツのポーランド侵攻によって、ポーランドと同盟を結んでいたイギリスとフランスは参戦し、ここに第二次世界大戦がはじまった。だが、両国はポーランドに派兵することなく、ポーランドはドイツとソ連に分割占領され、戦闘をほとんどともなわない「奇妙な戦争」がドイツとイギリス、フランスのあいだで行われていた。

ポーランドでの占領政策も落ち着いてきた一九四〇年四月、ドイツは中立国だったデンマークとノルウェーに侵攻し占領。そして五月一〇日、同じく中立国だったベネルクス三国、そしてフランスに侵攻、六月一四日にはパリを占領し、二一日にフランスは降伏した。

ユダヤ人問題は、フランスに勝利したことで、新しい展開を迎える。それは一つの案が浮上したからだ。いわゆる「マダガスカル計画」である。

当時仏領だったアフリカのマダガスカル島にヨーロッパ・ユダヤ人を移送するというこの

計画は、いままでにホロコースト研究の歴史家たちがさまざまな評価を下してきた。「殺人局面始動一年前に真剣に検討された最大級の出国政策」（ラウル・ヒルバーグ『ヨーロッパ・ユダヤ人の絶滅』）、「かなり現実味を帯びた計画」（ゲッツ・アリー『最終解決』）、「絶滅政策にかわる別の選択肢」（『ホロコースト大事典』）、「一九四一年三月までは、第三帝国のユダヤ人政策の主目標はかかる島嶼《とうしょ》的解決だった」（U・D・アーダム『第三帝国のユダヤ人政策』）。

すべてのヨーロッパのユダヤ人をアフリカの島に移送すると聞くと、非現実的と思うかもしれない。だが、既存の研究では現実味を持っていたとする者は多い。ここには、ナチスが即席に考え出したものではなく、長期にわたってヨーロッパ社会がユダヤ人問題を考え、そうした伝統のなかで考え出されたことがうかがえる。

ここでは、広範な史料から歴史的位置付けを丁寧に行ったマグナス・ブレヒトケンの *Madagaskar für die Juden. Antisemitische Idee und politische Praxis 1885-1945*（『ユダヤ人のマダガスカル――反ユダヤ主義思想と政治的実践　一八八五～一九四五年』）に沿ってみてみよう。

ウガンダからマダガスカルへ

マダガスカル計画の起源は古い。一八八五年にポール・ド・ラガルド（一八二七～九一）

が記した一論考『ドイツ論』にあったとされる。彼はナチ党の理論家が人種主義の偉大な先駆者とみなした人物でもある。

当時反ユダヤ主義者はユダヤ人を「民族を冒すウイルス」であるとし、接触を回避するために、どこかに移すべきだと主張していた。そこで浮かんだのがアフリカの孤立巨大島マダガスカルであった。ユダヤ人の巨大な世界ゲットーになると注目を浴びたのである。現在からみれば奇想天外な意見に聞こえるが、この時期はまさしく帝国主義全盛の時代であり、またアメリカではネイティヴ・アメリカンを居留区に押し込める政策が行われており、決して非現実的な話ではなかった。

P・D・ラガルド

その一〇年後には、マダガスカル島同様にアフリカの地にユダヤ人自らが移住を試みようとしたこともあった。それはウガンダだった。ドレフュス事件に幻滅しヨーロッパの反ユダヤ主義は克服できないと考えたテーオドール・ヘルツル（一八六〇～一九〇四）ら初期シオニストが、イギリスとの交渉で提示された移住地だった。パレスティナに固執しなかったヘルツルが現実的に考えた時期があったことはたしかである。もちろん、一種の植民計画であったウガンダ・ユダヤ人国家案と、ユダヤ人を孤立隔離させるマダガスカル・ゲットー化案とは、まったく違うものである。

第一次世界大戦後、一九二一年から毎年行われた「反ユダヤ主義国際会議」のブダペスト会議では、それまでもナチ党とよくコンタクトをとっていたイギリス人ヘンリー・ハミルトン・ビーミッシュ（一八七三～一九四八）が「ユダヤ人のマダガスカル」をあらためて主張した。

一九二〇年代～三〇年代、反ユダヤ主義者にとって、ユダヤ人問題の「最終解決」は、実際マダガスカル島への完全隔離の考え方が強かったのである。当時、ポーランド外務省もマダガスカル計画を練っていた。ただし、反ユダヤ主義者と違って非ユダヤ系も対象とする植民計画である。一九三七年には調査委員会が設けられ現地調査まで行っていた。

フランスでもマダガスカル計画は根強くあった。一九三八年一二月、ドイツ外相ヨアヒム・フォン・リッベントロップとフランス外相ジョルジュ・ボネとの会談で、ボネはユダヤ人問題に関心を示し、「これ以上ユダヤ人は受け入れたくない」「ドイツがユダヤ人をフランスに来させない措置をとれないか」と尋ねたという。そして、フランスは一万名のユダヤ人を国外に出す必要があり、目的地としてマダガスカルを考えていると話したという。

外務省の発案

前述したように、ポーランド占領後、東方の支配地域に何百万というユダヤ人を抱えることになったドイツは、出国による排除に限界を感じていた。そこに予想外に早くフランスが陥落することによって、マダガスカル計画が浮上したのである。その中心はドイツ外務省であり、直接にはドイツ局ユダヤ人問題担当のフランツ・ラーデマハー（一九〇六～七三）であった。

もちろん、実際に移送する場合には、制海権を握っているイギリスの同意が必要であった。フランス降伏後も、ヒトラーはなおイギリスとの早期講和に期待をつないでいたため、ドイツ外務省も対英和平達成を前提に考えていたようである。

移送の対象はあくまで西方ユダヤ人であり、東方ユダヤ人はポーランド総督領ルブリン地区に集住させようとしていた。しかし、一九四〇年七月三日、イギリス海軍がドイツ勢力下のフランス船籍の艦船を沈め、ドイツとの戦いの意志を示すと、マダガスカル計画は完全に暗礁に乗り上げてしまった。

一九四〇年七月末、ポーランド総督フランク、ヴァルテガウのナチ党指導者アルトゥア・グライザー（一八九七～一九四六）、行動部隊《アインザッツグルッペン》指揮官ブルーノ・シュトレッケンバッハ（一九〇二～七七）、親衛隊・警察高権指導者フリードリヒ・ヴィルヘルム・クリューガー（一八九四～一九四五）らが参加した協議で、マダガスカル計画は難しいという意見で一致し、国家保安本部も、マダガスカル計画遂行には少なくとも四年を必要とすることを確認し、ゲットー建設が本格化する。

それでも、マダガスカル島は、ドイツの傀儡《かいらい》であるヴィシー政権下にあり、その後もしばしばナチ指導部の口の端にのぼった。だが一九四二年九月、マダガスカル島がイギリス軍によって占領されると計画は完全に潰《つい》えることになる。

一九四〇年半ばを迎え、出国によるユダヤ人の排除は不可能になり、新たにユダヤ人を集住化させる「ゲットー化」政策が本格化するのである。

追放↓隔離(ゲットー)へ

第Ⅲ章

「ゲットー化」政策——集住・隔離の限界

ゲットーでの大量殺人はなく
食糧供給の制限によって

ポーランド各地のゲットー

「ゲットー」(Ghetto) はユダヤ人の強制居住区を意味する。

その起源は中世ヴェネツィアだが、隔離され移動も制限されていながら安全な空間でもあった。これに対してドイツ支配下で作られたポーランドを中心とした各地のゲットーは、飢餓と病魔によって大量死が起こる空間であり、やがてユダヤ人を大量虐殺する「絶滅収容所」(Vernichtungslager) へ送り込む、巨大な監獄になっていく。

ドイツ支配下ポーランドのゲットーは、ヨーロッパ最大のワルシャワ・ゲットーやポーランド総督府が置かれたクラクフがよく知られているが、ルブリン、チェンストホーヴァ、ウーチ、ビヤウィストク、ヴィルニュスなど大都市から小都市にいたるまで、約四〇〇ヵ所に作られた。最初のゲットーは、前章で述べたように、ポーランド降伏直後の一九三九年一〇月八日に設置された、ピオトロクフ・トリブナルスキである。

ちなみにクラクフには、全市民の25%にあたる六万名のユダヤ人が住んでいたが、職務と労働能力あるユダヤ人一万名を除き、ゲットーに入れられた。映画『シンドラーのリスト』(一九九四年) はここを舞台にしている。

最近の研究を総合すれば、ゲットーで亡くなったユダヤ人は、ホロコースト全体の犠牲者の五分の一を占める。ワルシャワのみならずポーランド総督領やドイツに編入されたヴァルテガウ（ヴァルテラント国家大管区）など、ポーランド全体に作られていたからだ。
ゲットーでは、ナチスによる直接の大量殺人は行われなかったが、食糧供給の制限によって緩慢な大量殺人が行われたといっていい。こういった食糧供給の悲惨さは、ワルシャワ・ゲットーが出てくる映画『戦場のピアニスト』（二〇〇二年）でも描かれている。

ゲットー　外から見たウーチ・ゲットー入口．看板には「ユダヤ人居住区．入るな」

ワルシャワ・ゲットーは、一九四〇年一〇月半ばに作られたが、縦四キロ、横二・五キロの空間（市面積の2.4％）に約四五万名（一九四一年春。ワルシャワ人口の約30％）が詰め込まれていた。一九四一年一月から配給がはじまったが、一人当たりの一日の配給量はわずか二一九カロリーで、それも八月には一七七カロリーに減った。ちなみに欧米の平均的成人男性の一日最低必要カロリーは、二四〇〇カロリー（アメリカ、一九四八年）、二二五〇カロリー（イギリス、一九五〇年）とされている。ワルシャワ・ゲットー住民は、必要最低カロリーの9％に満たない量しか支給されなかったのである。多く見積もられたカウナス・ゲットーでは七五〇カロリー、ヴィルニュス・ゲットーでは五〇〇〜六〇〇カロリーだったが、それでも25％程度であった。

しかし、ヴァルテガウのナチ党指導者グライザーやウーチ・ゲットーを創設した県知事フリードリヒ・ユーベルヘーア（一八九三〜一九四五）は、ただ単に反ユダヤ主義的世界観からゲットーを構築したわけではない。ユダヤ人の家財・現金・宝飾品などの資産をすべて吐き出させるため、極限状況に追い込むという実利的な目的があったのだ。

ナチスによる「ゲットー化」政策の開始

なぜナチスは、ポーランド内に数多くのゲットーを作ったのか。

ヒトラーは、最終的にはユダヤ人を非ドイツ人地域に強制移送し、ソ連との境界、さらにはその領土内に追放しようと考えていた。それを円滑に行うために、当面の目標として大都市にユダヤ人を集めたのである。ヒトラーはこの考えをポーランド侵攻に際してハイドリヒに伝えている。

一九三九年九月二一日、ハイドリヒはのちのポーランド総督領内にあたる大都市にユダヤ人を集める指令を出した。具体的には、ユダヤ人を鉄道の要衝や鉄道沿いに集め、五〇〇名以下のユダヤ人共同体は解体して近くの都市に移すとしていた。このような集結地がゲットーになっていくのだが、恒常的なものにする予定ではなかった。

移送はドイツに編入されたポーランド地域、つまりダンツィヒ・西プロイセン、ヴァルテガウなどから行われ、ウーチとその近郊のユダヤ人一〇万名がポーランド総督領に移された。

しかし、軍政が施《し》かれた地域での国防軍の抗議や、民族ドイツ人の移住計画が当面実現しない状況のなか、ポーランド人とユダヤ人のあいだに障壁を設ける「ゲットー化」（従来の居住地からユダヤ人を閉鎖的な指定大規模居住地域へ移す）が政策としてはじまったのは、一九四〇年春からであった。ポーランド人も移送の対象にされたが、彼らが総督領のどこに居住するかは自ら選択できるのが通例だったのに対し、ユダヤ人にはそれが許されなかった。

一九四〇年二月から断続的に設営されたゲットーは、当初から完全に封鎖されているわけではなかった。ゲットーを特別地区として設定するにあたり、ユダヤ人はともかくポーランド人やドイツ人も、場合によってはその地域から立ち退かなければならないケースがあり、外界との遮断の方法が整うために時間を要したからである。

総督領への強制移送対象になったユダヤ人は直前まで知らされず、ほとんどの資産を残して出発せざるを得なかった。持参が許されたものは、手荷物一個、正装服一式、毛布一枚、二週間分の食糧、必要書類、金銭は五〇ズウォティ（ポーランドの通貨単位）が上限で、外国為替や宝石などは置いていかねばならなかった。ゲットーは、移住してきたユダヤ人住民を完全にコントロールし、さらに徹底搾取するための最も効果的な空間になっていく。

ユダヤ人評議会の設置

一九三九年九月二一日、ハイドリヒはユダヤ人評議会の設置も布告した。ユダヤ人評議会は、地域のユダヤ社会を代表した長老たちによって構成された。その役割は、ドイツ側の指令をユダヤ人住民に伝え、執行について全面的に責任を持つものとされたが、実際にはドイツ側の指令を集団的責任で忠実に遂行する道具だった。

ポーランド総督であるフランクは、一一月「ユダヤ人はユダヤ人評議会の指令を履行しなければならない。さもなければ、評議会は厳罰に処せられる」という指令を発した。

この指令と同時にウーチでは、ユダヤ人評議会のメンバー三二名中、議長一名を残して三一名がゲスターポ（秘密国家警察）に逮捕・殺害され、議長は再び評議会を組織しなければならなかった。

ウーチ・ゲットーとルムコフスキ支配

では、具体的にゲットーをみてみよう。ここでは、四年を超えるという最長の期間存続したウーチ・ゲットーをみる。

最大規模のワルシャワ・ゲットーに次ぐ面積を持ったウーチ・ゲットーは一九四〇年二月八日に設置された。三・八二平方キロの広さに一六万三七七七名が詰め込まれ（二万五〇〇〇室の各部屋に平均四～六名）、翌四一年秋にはさらに二万名のユダヤ人と五〇〇〇名のツィゴイナー（シンティ＝ロマ）が押し込められた。

H・ルムコフスキ

ウーチ・ゲットー行政長官にはブレーメン出身でドイツ最大手のコーヒー商としてすでに知られたハンス・ビーボ（一九〇二～四七）が任命された。彼は一九三八年二月ナチ党員になったばかりであり、大抜擢であった（戦後、ウーチで公開処刑される）。

ゲットーの直接管理は、市長に相当するユダヤ人評議会議長に委ねられるのが一般的であった。ウーチ・ゲットーでは、ハイム・ルムコフスキ（一八七七～一九四四）が、一九四四年夏にゲットーが解体されるまでこの地位にあった。

労働者家庭出身のルムコフスキは、保険の営業マンとして勤務するかたわら早くからポーランド・ユダヤ人多数派勢力である「アグダト・イスラエル」の向こうを張った「全ポーランド・シオニスト党」の活動家として知られ、ナチ・ドイツからもユダヤ人を組織化するためのパイプ役として注目されていた。

ウーチ・ゲットー成立後、ルムコフスキ議長は「帝王」とも称され、独裁的支配が他のゲットーと比較して際だっていた。ゲットー内郵便ではルムコフスキの肖像切手が使用され、ゲットー内のみ通用した貨幣「ゲットー・マルク」を住民は「ルムキ」と呼んだ。東欧の無数のゲットーのなかでも最も問題ある人物であったといえよう。

ユダヤ人補助警察　ワルシャワ・ゲットー内

ウーチ・ゲットー内のユダヤ人評議会は、二〇名を超える彼の友人・知人で構成され、ゲットー住民の生殺与奪権である食糧配給部をはじめ、財政公課・労働配置・生活扶助・保健衛生・児童福祉・学校教育・住宅供給・治安など各分野公務行政のトップを占めていた。また、ゲットー内にはユダヤ人評議会のもとユダヤ人によるゲットー警察があった。ウーチの場合、当初二五〇名で編成され、のちには一〇〇〇名に膨れあがった。

ウーチ・ゲットーのユダヤ人住民の不満は、ドイツ行政側へよりもユダヤ人評議会に向けられた。「ルムコフスキの専制」に抗議してストライキが行われたこともあり、ゲットー管理へのドイツ人の参与さえ要求し、ゲスターポの部隊がストライキ参加者に向かって発砲することもあった。だが、ルムコフスキの専制ともいうべきこの体制もゲスターポの支配下にあったことはいうまでもない。

ウーチ・ゲットー内には刑務所もあった。一九四〇年にゲスターポとドイツ刑事警察により投獄された者は一八八名（うち女性四五名）に対し、ルムコフスキの命令によって逮捕投獄された者は三三一名（うち女性八一名）にのぼった。ルムコフスキは、ゲットーの住民が犯した些細《ささい》な過失に対しても厳罰主義で臨んだ。

一方で、社会福祉施設や社会保障制度を確立させ、多くのゲットー住民の生命が保たれた面もあった。

一九四〇～四一年冬には各級合わせて六三の学校が機能し、二万名の子どもが学習し、特別の食事が提供された。またゲットーの街頭でも簡易食堂が数多く設けられ、医療システムの充実も図られた。ルムコフスキがこうしたところに配慮したことも見過ごすことはできない。

さまざまなゲットー内指導者

ルムコフスキだけでなく、各ゲットーでさまざまに記憶されているユダヤ人評議会役員がいた。

ウーチに近いジュンスカ・ウォワ・ゲットーのヤクプ・レンベルク博士は、評議会議長として支配者の命令に簡単に従わず住民のため献身的に努力を重ねた。シャウリャイ（シャブリン）・ゲットー（リトアニア、カウナスの北）のユダヤ人評議会議長や副議長は、絶滅収容所であるアウシュヴィッツへ向かう子どもたちに自ら同行を申し出た。また、カウナス・ゲットーの警察官たちは、子どもたちの潜伏場所を明かすことを拒否し拷問にかけられ殺害された。

A・チェルニアクフ

ユダヤ人評議会のメンバーはつねに理不尽なゲスターポの要求に対し、苦悩の選択を余儀なくされた。ワルシャワ・ゲットーのユダヤ人評議会議長アダム・チェルニアクフ（一八八〇〜一九四二）が、ユダヤ人をゲットーから絶滅収容所に送り出す布告に署名するのを拒否して自殺したのに対し、ウーチのルムコフスキは最後まで移送に協力することによって残りの者を絶滅から救えると期待していたといえよう。こうした「現実」はどこの評議会議長にも突きつけられていた。

ここでヴィルニュス・ゲットーのユダヤ人評議会議長ヤーコプ・ゲンス（一九〇三～四三）を紹介したい。ゲンスは第一次世界大戦中リトアニア軍に志願し将校となったが、その後シオニズム運動に関わる。一九四一年にゲットーに入れられると、ユダヤ人評議会設立に際してユダヤ人警察の責任者に任ぜられ、翌四二年七月評議会議長になった。

配下の警察官にドイツ側の虐殺を支援させたり、地下抵抗運動ともさまざまな取引を行い、運動リーダーの面々とも接触する一方、ユダヤ人武装抵抗司令官イツハク・ヴィッテンベルク（一九〇七～四三）をゲスターポに引き渡している。だが、ゲットー解体が迫ると脱出できたにもかかわらず拒否し、ゲスターポに殺害された。ヤヌス（双面神）的側面を持つ謎多き人物であるが、さまざまな思惑のなかの選択であったのではないだろうか。ヴィルニュスは比較的長く存続したゲットーであった。

ゲットー住民からの徹底搾取

ドイツ側は、ウーチ・ゲットーでのルムコフスキの采配を高く評価していた。行政長官のビーボは「ユダヤ人評議会議長殿の唯一適正な考え方、つまりゲットーの存続はひとえにゲットー内の労働強化によってのみはかりうるという理論を認めざるを得ない」と語っていた。

ゲットー住民の給養のコストは、ゲットー住民の資産で賄《まかな》わせるのが行政側の原則であった。さらには、監視にかかる費用をはじめ行政側のコストもユダヤ人住民が負担すべきとして賦課・税を住民に義務付けた。

ウーチ・ゲットーの行政コストは実質三二万二二五八ライヒスマルク（一九四一年一二月末）であったが、ユダヤ人から取り立てられたのは3％公課も加え一四九万八九六六ライヒスマルクと四倍以上の額であった。

この状況下でもドイツ側は、隠し持っているものを最後まで吐き出さないのがユダヤ人であり、ぎりぎりの生活極限状況に置く必要があるとしていた。さらに、ドイツ国民の犠牲においてユダヤ人はゲットーでなお生き延びている、その存在そのものがドイツ国家、租税支払者たるドイツ国民の負担になっているという倒錯した論理を平然と用いるようになってくる。

病気の蔓延

時とともにゲットー住民の肉体的衰弱は顕著になっていった。微量の食料配給についてはすでに触れたが、住民に供給された食料品には、通常人間が食べられないようなものも多く、そのこと自体が意図的な政策でもあった。

記録を繙くと、たとえば、一九四〇年一〇月、ドイツ側はウーチ・ゲットーに大量の腐った食料を配給している。また、一九四三年三月にはワルシャワ・ゲットーのユダヤ人評議会は、ドイツ側から提供された腐りかけの三〇〇〇トンのジャガイモを除去するため汚物処理業者に一〇万ズウォティを支払わなければならなかった。

ワルシャワ・ゲットーの子どもたち

貧弱な配給と厳しい寒さは、病気蔓延《まんえん》の要因となった。その乏しい食料も、腐ったジャガイモなどほとんどが炭水化物であり、タンパク質や脂肪が欠け、骨の軟弱化・組織壊《え》死《し》・腸炎・浮腫《ふしゅ》など正常な環境では考えられない疾病を引き起こした。また、暖房も皆無に近く、家具・塀・床板を燃やして暖をとったが、凍死も免れなかった。

さらに、衛生設備も貧弱で、石鹼や衣類の欠乏も深刻だった。からだも衣服も住民はほとんど洗えず、シラミやノミをゲットーの隅々にまで広げた。ほとんどすべてのゲットーで腸チフス、発疹チフス、赤痢が蔓延したが、街路に人間や動物の死骸が放置される衛生状態によるところも大きかった。

ポーランド総督代理のヨーゼフ・ビューラーは、『ユダヤ人と毛ジラミと発疹チフスとのあいだの結びつきについて』という本を記したが、その序文で「ユダヤ人の血」は特殊であり「ユダヤ人は他の人間に発疹チフスを感染させながら自らはこれに罹《かか》らない」と記したが、ワルシャワ・ゲットーだけで約一〇万名が発疹チフスに罹患していた。

結核も猛威を振るい、各ゲットーの住民の約半数が罹病し、心臓病の発症・死亡率も異常に高かった。適切な衛生措置が欠けていたため疥癬《かいせん》のような皮膚病も急速に広がった。

ゲットー内に住む閉経前の女性は、75〜85%が無月経になり、妊婦には流産が頻発した。乳児はたとえばウーチ・ゲットーで一九四〇年六月〜一二月末のあいだに三割が赤痢で死亡した。幼児のあいだではヨード欠乏からくる甲状腺腫も頻発した。生育期・思春期の子どもは、高率で結核・頸部《けいぶ》リンパ腺炎・脳膜炎を発症した。

その一方で全世代にわたり、がんの発生率は低かった。のちの研究では、タンパク質と脂肪の欠如がその要因ではないかと指摘されている。

ほとんどのゲットーでユダヤ人評議会が医療組織体制をつくり、病気の蔓延に対処しようとしたが、医療具・薬剤は皆無に近く、医療に携わる人員・設備とも不足し、いうまでもなくドイツ側の対応もまた消極的であった。

「産業化」による生き残り

こうした状況のなか、ゲットーが対抗できる手段は住民の労働でしかなかった。この時代のゲットーに詳しい研究者アイザイア・トゥルンクは、ゲットーが生き延びるためには、どれだけ（軍需）産業化・生産工場化できるかであるとし、そのうえで三つの条件を挙げている。

第一にはドイツ行政側に利益が図れること、第二にゲットー側に自由に使える原料・設備があること、第三に専門労働者が存在することだった。そして、三つの条件がそろい、最も産業化が可能だったのが、ウーチ・ゲットーだったという。

ウーチは現在のポーランドでもワルシャワに次ぐ大都市であるが、一九世紀以来、繊維産業を中心とした工業拠点都市であった。それにはユダヤ人資本家・労働者が中心的役割を果たし、さらに在住ドイツ人も重要な役割を担っていた。

ゲットー化によってこうした工業拠点都市の機能は低下したが、ドイツ国防軍は秩序・勤勉・規律・時間厳守という点で申し分ないゲットー内の「労働力」に目をつけていた。ヴァルテガウ全域に権限のある国防軍第二一軍備総監察局は、国防経済資源としてこの労働力を活用し、本来暫定的だったゲットーを、ウーチの場合には一九四四年夏まで約四年半も存続させることになる。

ゲットー内にはルムコフスキによって、縫製業・金属業・電化工業など、各工場が設立され、一九四一年半ばには四五の工場で四万名の人びとが労働に従事していた。

しかし、ソ連侵攻直前には一六万三七七七名を数えたウーチのユダヤ人も、一九四四年八月にはその26・7％にあたる四万三七二五名の住民しか生存しておらず、彼らも最後には絶滅収容所のアウシュヴィッツに強制移送される。ユダヤ人評議会議長として専制を振るったルムコフスキもその例外ではなかった。罹病者を含め「住民」の四分の三がそれまでに死亡し、その八割は栄養失調ないし飢餓で亡くなったのである。特に子どもが生存できるチャンスはなかった。

ウーチ・ゲットー内の下着縫製工場

のちにポーランドのユダヤ人救援委員会は以下のような報告を一九四〇年半ばに行ってい

る。

飢餓と貧困が住民を死に追いやっている。成人でも一日に五〇人が死亡する日が少なくない。子どもでも乳児の死亡率はおそるべき数字に跳ね上がっている。脂肪、とりわけミルクの欠乏が容赦なく、無辜《むこ》のいたいけな子どもたちを殺している。配給所前に母親たちが朝の五時から夕方の五時まで列をつくっているが、このように超人的に努力しても三日に一度しかミルクが入手できないのが現状である。

（ワルシャワ「ユダヤ人救援委員会」『報告』）

ゲットーの限界

極限以下の食料配給、貧弱なライフライン・衛生環境によって、ゲットー内のユダヤ人住民は緩慢な大量虐殺、つまりは「間接的絶滅」状況に置かれていた。さらにゲットー内での厳しい労働、またヴァルテガウだけでも一八〇を超えるさまざまな収容所があり、昼夜を問わずそこに運び込まれての重労働もあった。

ナチ・ドイツは、意図的にこういう状況をつくりながら、ユダヤ人のあいだの闇取引、伝染病蔓延、治安紊乱《びんらん》を許しておくわけにはいかないという声を強め、そのようななかで「ゲットー化」政策よりもっと根本的な「最終解決」を求める雰囲気が醸成されてくる。

実際、ゲットーの住民は、飢餓を凌《しの》ぐには闇取引に頼るしかなく、従来下水道があったワルシャワとの対比で下水道設備のない点で完全に封鎖されたゲットーというイメージがあったウーチ・ゲットーでも、食料の80%は闇取引に頼っていたことが最近指摘されている。また、ビヤウィストク・ゲットーでは、ユダヤ人評議会自体がブラック・マーケットを開設していたし、ザモシチなどいくつかのゲットーでも、評議会のメンバーが闇市に参画していた。

しかし、もちろん闇取引だけで食料を賄うことはできない。慢性的な栄養失調と貧弱な衛生環境によって腸チフスが蔓延し、労働不能状態も一般化していった。ドイツ側のゲットー化政策を正当化していた「ユダヤ人劣悪論」は、こうした環境によって裏付けられることになり、ゲットーに代わるユダヤ人問題の「最終解決」が求められるようになっていく。

ウーチのゲットーについて、一九四一年七月一七日、ポズナニの保安部長ロルフ＝ハインツ・ヘップナーは、国家保安本部第四局（ゲスターポ）ユダヤ人問題課長に昇進していたアードルフ・アイヒマン親衛隊中佐（のちの「絶滅収容所」へのユダヤ人移送の最高責任者）に次のような手紙を送っている。

この来るべき冬は、もはやユダヤ人全部を食っていかせられなくなる危険があります。

労働動員不能のユダヤ人については、即効的手段で片づけるのが最も人間的な解決であるのではないかと真剣に考慮すべきときです。とにかく餓死させるがままにしておくより素早く片づけるほうが好ましく思われます。

実は、ヘップナーが書簡で求めたようなユダヤ人問題の「最終解決」は、書簡を送った半月前からはじまった独ソ戦によって、本格的な「絶滅政策」へと切り替わろうとしていた。

第Ⅳ章 ソ連侵攻と行動部隊《アインザッツグルッペン》——大量射殺

ソ連侵攻への道

ユダヤ人絶滅政策は、第二次世界大戦の過程と帰趨《きすう》が大きく関わっていた。

一九四〇年六月にフランスに勝利したドイツは、イギリス本土への空襲を続けたが、イギリスは予想外に強い抵抗を示し、降伏の態度をまったく見せなかった。この状況下、アメリカによるイギリス支援は強化されていく。ヒトラーは、アメリカの積極的介入が一九四二年であると考え、イギリス・アメリカとの消耗戦を勝ち抜くためには、現状の軍事・経済的基盤では狭小と判断し、電撃戦による一九四一年中のソ連の「征服」に活路を見出そうとした。

その一方で、食糧問題という深刻な現実もあった。第二次世界大戦が一九三九年九月にはじまって以降、海外からの輸入が減り、開戦から三ヵ月後の一二月段階で、戦前の六割に減少していた。一〇月半ばには、すでにソ連から二〇〇万トンの穀物緊急輸入措置をとらねばならなくなっていた。

担当者であった食糧農業省次官ヘルベルト・バッケ(一八九六〜一九四七)は、一九四〇年二月の四ヵ年計画総評議会の場で「(第一次大戦敗北の)一九一八年同様、わが国の食糧経済は、開戦二年目にして崩壊が迫っている」と訴え、五月には「この戦争が二年以上続けば敗北する」と警告した。この年の農作物の収穫が芳しくないことも、見通しをより悲観的にさせた。

いままでドイツによるソ連侵攻は、ヒトラーの世界観といえる東方におけるドイツ民族のレーベンスラウム（生存圏）獲得、ユダヤ・ボリシェヴィズムの根絶、スラヴ人に対する人種的優越意識の上に、ヒトラーが「粘土の巨人」と蔑んだソ連軍事力の過小評価が強調されてきた。だが、近年ではヒトラーがソ連攻撃の軍事的リスクの大きさを十分認識していたことも明らかになっている。そして、そこにはまた食糧への危機意識もあったのである。

ソ連侵攻が具体的に日程にのぼってくるのは、一九四〇年七月末、オーバーザルツベルクにおける作戦会議からである。ここで「イギリスの希望はソ連とアメリカである」としたヒトラーは、イギリスの期待を潰えさせ、その抗戦意識を挫《くじ》くためにも、アメリカの参戦前にソ連侵攻を行い、陥落させるという決意を示した。

一二月一八日、ついにヒトラーは、「イギリスとの戦争終結前にソ連を素早い攻撃で打倒する準備をすべし」とした「バルバロッサ作戦」（＝対ソ攻撃。フリードリヒ一世「赤髭《あかひげ》」王の名にちなんだ）に関する総統指令第二一号に署名した。

大量虐殺を孕んだソ連侵攻

ナチ・ドイツによるソ連侵攻は、形式だけとはいえ戦時法規に則っていたこれまでの戦争と異なっていた。たとえば、開戦前からソ連住民数千万人の餓死を前提に計画が進められ、その分の食糧はドイツ軍民への供給に割り当てられていたからである。

実際、食糧割当ての最下位とされたソ連軍兵士捕虜の場合、歴史家クリスティアン・シュトライトの調査によれば、独ソ戦全期間を通じて捕らえられた総計五七〇万名のうち、三三〇万名が亡くなったという。死亡率は六割に近い。こうしたドイツ軍の捕虜処遇は、世界史上類を見ないものであった。

その明確な起点は、一九四一年三月三日、ヒトラーの国防軍統合司令部への秘密の指示からである。

> 来るべき戦争は、もはや単なる武器をもっての戦争にとどまらず二つの世界観の激突にも導く。（中略）ユダヤ＝ボリシェヴィキ知識人は国民のこれまでの「抑圧者」として除去しなければならない。

国防軍統合司令部作戦部長アルフレート・ヨードルも、「ボリシェヴィキの頭目とコミッサール（ソ連軍部隊付き共産党委員〈政治将校〉）をただちに抹殺するのに私も賛成です」と応じている。

二日後、陸軍兵站部総長（参謀次長）フリードリヒ・ヴァーグナーは、この指示を受けて陸軍参謀総長フランツ・ハルダーに、行政は国防軍の負担になってはならず、親衛隊全国指導者であるヒムラーに特別委任するという案を伝えた。そして、三月一三日に国防軍統合司令部は、「陸軍の作戦領域では総統の委任にもとづき、親衛隊全国指導者が政務行政準備の特別任務を帯びる」とし、ヒムラーの保安活動を承認した。

三月二六日には、「保安警察の特別行動隊（のちの行動部隊《アインザッツグルッペン》）が自己の責任において行動する」ことがヴァーグナーとハイドリヒのあいだで確認された。国防軍は補給はするが、住民への執行措置に特別行動隊を投入する命令は、ハイドリヒが発令することとし、一ヵ月後にブラウヒッチュ陸軍総司令官とのあいだに正式協定を行った。

ポーランド侵攻と異なり、国防軍の承認だけでなく協定を組んだことによって、ソ連地域では、親衛隊が住民に対して、より厳しい対応をとれるようになったのである。つまりは、ゲスターポ（秘密国家警察）、親衛隊保安部を軸とした移動殺人部隊である行動部隊をはじめ親衛隊諸部隊の広範囲の行動が可能となったのである。

国防軍と「コミッサール命令」

『わが闘争』を持ち出すまでもなく、ヒトラーはユダヤ人とボリシェヴィキを同一視していた。三月三日の指示でヒトラーは、ユダヤ人とボリシェヴィキ知識人の除去(=抹殺)をはっきり言明していた。

実はこの考えは親衛隊だけでなく、国防軍幹部の多くも共有していた。国防軍の対敵宣伝では、ユダヤ=ボリシェヴィキ知識人と共産党役員、積極分子を即刻射殺するとしていた。ポーランド侵攻とは異なり、国防軍はより積極的なユダヤ人殺害の役割を担っていたのである。

五月一三日の総統布告では、ソ連民間人のドイツ軍に対する犯罪行為は、軍法会議ではなく直接被害に遭った部隊が報復してよいとされた。だがその一方で、ドイツ軍兵士のソ連住民に対する犯罪行為は、ドイツ軍部隊の風紀・治安保持上どうしても必要とされる場合のみ軍法会議で扱うとしている。

六月六日には、開戦後のソ連軍兵士捕虜から共産党委員を見つけしだいただちに殺害せよという、いわゆる「コミッサール命令」が国防軍統合司令部から発せられた。

こうした戦時法規を無視した犯罪的秘密指令は、従来の研究では三月以降にヒトラー一人の判断で行われたとされてきたが、実は国防軍も決定について積極的にコミットしていたのである。

ポーランド総督領の限界

一方で、ユダヤ人政策も一つの転機にあった。旧ポーランド領内でのゲットー化政策は限界にきていた。

ポーランド占領後、ドイツに統合された東部編入領をはじめさまざまな地域から、ユダヤ人がポーランド総督領に移送されていた。それは事前の通告もなくまた計画もまったくないものだった。結果的にユダヤ人は東部のルブリン地区に集中していく。

総督フランクは、一九四〇年二月一二日ベルリンに赴き、善処を要求していた。だが、軍備総責任者で四ヵ年計画全権のゲーリングは、移送列車の到着を通知しなければならないと関係者に命じただけで、混乱が続いていた。フランス陥落によって、マダガスカル計画が現実的に浮上し、ヒトラーがポーランド総督領にユダヤ人移送の禁止を決定したが、先述したようにマダガスカル計画はすぐに潰え、ユダヤ人の移送は続けられた。

一九四〇年一〇月二日、フランクはあらためてユダヤ人とポーランド人の大量受け入れは不可能だと抗議する。それに対してヒトラーは、総督領の人口密度にはまったく関心がない、自分にとって総督領は「巨大なポーランド強制労働収容所」であると冷たく言い放った。

だが、ソ連侵攻が本格的準備に入った一九四一年三月二五日、親衛隊・警察高権指導者クリューガーは、フランクに対してユダヤ人の移送列車をこれ以上、総督領に送らないと通知した。

さらにソ連侵攻の三日前、一九四一年六月一九日、ヒトラーはフランクに対し、近い将来に総督領からユダヤ人を排除すると約束していた。いいかえれば、ソ連地域、つまり東方に巨大な空間が確保され大量のユダヤ人移動が可能であるということである。

独ソ戦開戦

一九四一年六月二二日早暁、「バルバロッサ作戦」、つまりソ連侵攻作戦が実行に移された。ドイツ軍は、三六〇万名の兵力（このうち六〇万はフィンランド、ルーマニア、スロヴァキア、イタリア軍兵士）、二一個戦車師団を含む一五三個師団、三六〇〇両の戦車、二七〇〇機で、宣戦布告なしにソ連に侵攻した。

軍組織は、北方軍集団、中央軍集団、南方軍集団の三つに分かれ、北方軍集団はバルト三国を経てレニングラードを、中央軍集団はベラルーシを経てモスクワを、南方軍集団はウクライナを経てヴォルガ河流域をめざし進撃を開始した。

ドイツによるソ連侵攻（1941年）

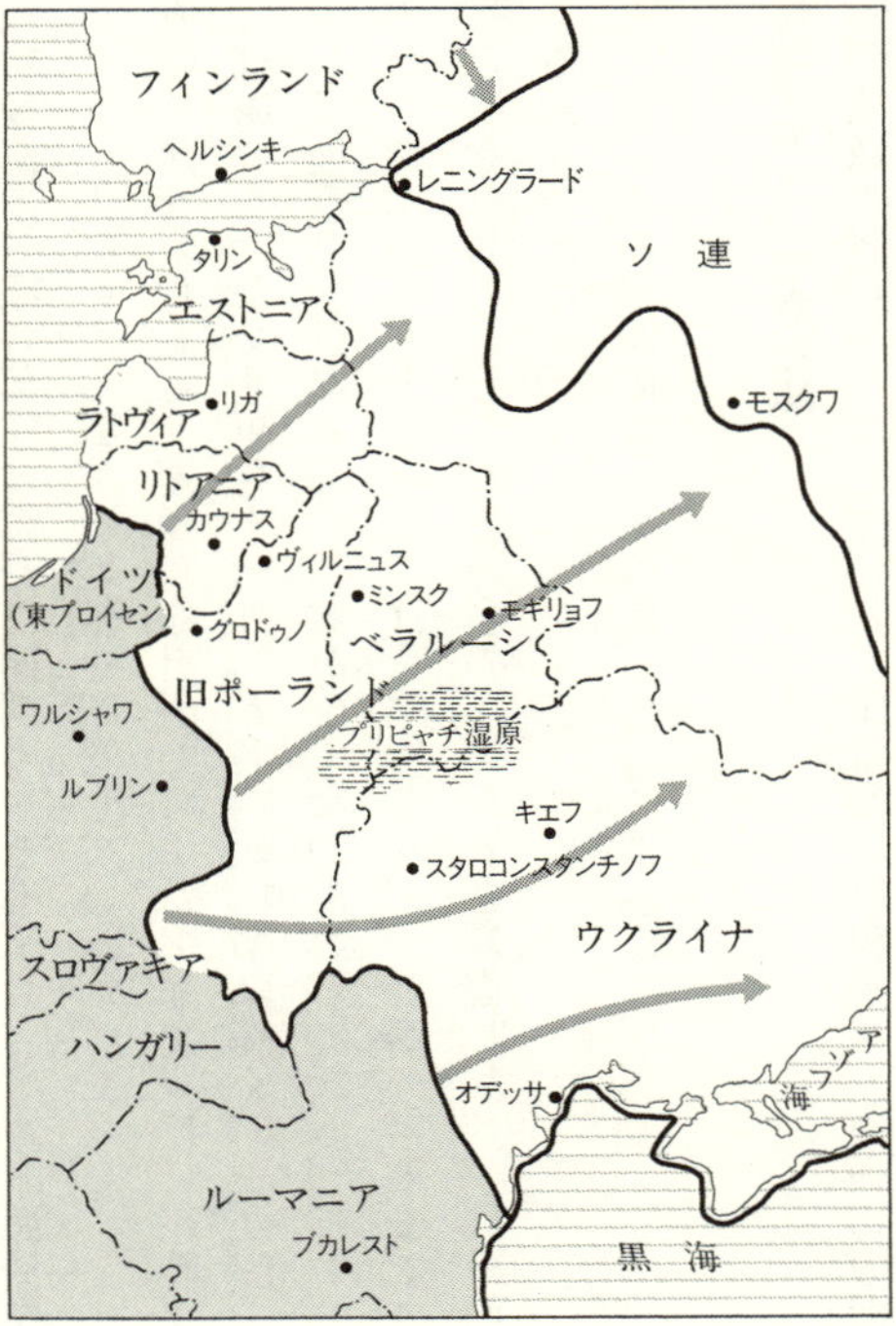

それに対する国境方面のソ連軍は、二九〇万名、一四九個師団、一万五〇〇〇両の戦車、八〇〇〇機を超える空軍機だった。だが、不意を衝かれたソ連軍は各地で国境を突破され、空軍機も初日だけで一八〇〇機が失われた。

未《み》曾《ぞう》有の規模だったドイツ軍は、攻勢開始当日から、国防軍を中心に親衛隊、通常警察、現地対独協力組織各部隊と緊密な連携のもと進撃し、バルト海沿岸からベラルーシを経て南東ウクライナにいたる広範な地帯を席巻《せっけん》していった。

戦時法規を無視したソ連侵攻を計画していたドイツ軍は、緒戦から殲滅戦を推進していった。捕虜になったソ連軍兵士三五〇万名の死亡率は高く、一九四二年春までに二〇〇万名が死亡している。一日に六〇〇〇名が亡くなったことになる。

また、特にユダヤ人に対しては苛酷であり、一九四一年末までに成人男子のみならず女性や子どもを含め五〇万～八〇万名のユダヤ人を殺害した。一日平均二五〇〇～四〇〇〇名を超える計算である。

そして、その先頭に立ったのが、行動部隊《アインザッツグルッペン》である。

親衛隊麾下、行動部隊

占領地域でヒムラーに全権として任命された親衛隊・警察高権指導者は、さまざまな任務の調整に重要な役割を果たしたが、基本的にはドイツ国防軍が占領した地域での行政が主たる仕事であった。

そして、その占領下でユダヤ人の射殺にあたったのが行動部隊《アインザッツグルッペン》であった。総勢約三〇〇〇名、表のように四つの部隊で構成されていた。バルト諸国、ソ連の相当数のユダヤ人は、

行動部隊《アインザッツグルッペン》 EINSATZGRUPPEN　（独ソ戦開戦時）

行動部隊A	990名	北方軍集団に所属	バルト諸国方面に
	ヴァルター・シュターレッカー（1900～42）		
行動部隊B	655名	中央軍集団に所属	ベラルーシ方面に
	アルトゥア・ネーベ（1894～1945）		
行動部隊C	700名	南方軍集団に所属	ウクライナ方面に
	オットー・ラッシュ博士（1891～1948）		
行動部隊D	600名	南方軍集団に所属	クリミア半島方面に
	オットー・オーレンドルフ（1907～51）		

註：人名は指揮官名．以下は死去の理由．シュターレッカーはソ連パルチザンによって殺害．ネーベは抵抗運動に関係し終戦直前処刑．ラッシュはニュルンベルク継続裁判被告，重病で釈放後死亡．オーレンドルフはニュルンベルク継続裁判で絞首刑

親衛隊・警察体制の種々の部局から集められ編成されたこの射殺部隊によって殺害されていく。

主な人員は、行動部隊Aを例にすると、武装親衛隊三四〇名、親衛隊オートバイ兵一七二名、保安部員三五名、刑事警察四一名、ゲスターポ八九名、補助警察八七名、普通警察一三三名、女性職員一三名、通訳五一名であった。

ゲスターポや刑事警察などの保安警察メンバー、親衛隊の情報組織である保安部のメンバーなど構成人員はさまざまであるが、親衛隊の野戦部隊である武装親衛隊の兵士が最も多いのが特徴であった。

行動部隊は、ソ連侵攻と同時に殺人行動を開始していた。たとえばウクライナではキエフに近いバービー・ヤールの谷で行動部隊C所属第四a特別行動隊《ゾンダーコマンド》が二日間にわたって三万三七七一名を殺害している。

ソ連侵攻後一九四一年末までの約半年間に、行動部隊

A・ネーベ（上）
O・オーレンドルフ（下）

だけで少なくとも五〇万名に近いユダヤ人を射殺した（内訳は、行動部隊Aによる犠牲者が二四万九四二〇名、Bによる犠牲者が四万五四六七名、Cによる犠牲者が九万五〇〇〇名、Dによる犠牲者が九万二〇〇〇名）。

ドイツ国防軍は逐一行動部隊の「作戦行動」を把握し、軍の通信記録にはその下部単位の行動隊《アインザッツコマンド》、特別行動隊に関する報告もかなり含まれている。

たとえば、第一〇二戦線後方地域司令官は、七月八日に第八行動隊に配属された第三一六警察大隊からビヤウィストクでの出来事の報告を受けている。それによれば二日間で三〇〇〇名のユダヤ人が大量処刑されたとされている。

第四〇三歩兵師団の戦争日誌では、ソ連侵攻から八日後の六月三〇日「保安警察の特別行動隊がグロドゥノ、リガ、ヴィルニュスに到着（中略）すべてのユダヤ人に星印着用が命じられ、すでに処刑もほとんど行われた。親衛隊保安部のきわめて誠実な指揮官親衛隊中佐アルベルト・フィルベルト博士（一九〇五〜九〇。四一年当時第九行動隊指揮官）と処刑が目立たぬよう執行されるよう調整」とヴィルニュスの軍司令官が述べたとされている。

ナチ・ドイツ敗北後に開かれたニュルンベルク国際軍事裁判では、「D」の指揮官オットー・オーレンドルフが検察側の証人として出廷し、はじめて大量虐殺の実態の一端を証言し、行動部隊の存在が知られるようになった。

行動部隊による殺戮　おそらく行動部隊Dによる．ウクライナのヴィンニッツァ，1942年

　先述したように行動部隊は、ソ連侵攻以前にもすでにポーランドで指導的人物だった数千名のポーランド人と多数のユダヤ人を射殺していた。

　一九四一年春になると、親衛隊指導部はライプツィヒ近郊プレッチュの警察学校、やはりライプツィヒに近いバート・デューベン、バート・シュミーデベルクにあらためて四つの行動部隊として再編成し、国家保安本部人事局の責任者ブルーノ・シュトレッケンバッハ親衛隊少将（一九〇二～七七）のもと訓練を行った。

行動部隊の指揮官クラスには国家保安本部出身で三〇～四〇歳代、大学卒（さらには博士号持ち）のエリートが任命され、大学教授も含まれていた。A～D四つの行動部隊は六月初めにはデューベンに集められ、指揮官たちには六月一七日ベルリンでハイドリヒから、口頭で共産党の活動家の一掃、ソ連地域のユダヤ人の殲滅、その他人種的マイノリティの一掃が命じられていたのだった。

武装親衛隊による虐殺

一方で、親衛隊の武装部隊も巨大化し、虐殺にあたっていた。当初、強制収容所の監視などを行っていた親衛隊の武装部隊は、ポーランド戦終了後に五万名を超える武装親衛隊（Waffen-SS ヴァッフェン・エス・エス）として、本格的な軍隊に膨張していた。ソ連侵攻時には約一六万名の兵力になり、部隊は戦闘の一翼を担うようになり、また先述したように行動部隊《アインザッツグルッペン》の要員を送り込んでもいた。

武装親衛隊第一旅団は、ソ連侵攻後「ソ連第一二四ライフル師団の残存兵士、武装匪賊《ひぞく》、パルチザン、ボリシェヴィキ体制に手を貸している輩《やから》の拘束ないし殲滅」を任され、直接戦闘を行わず、わずかの赤軍兵士を射殺しただけだった。

だが一九四一年七月三〇日、司令幕僚部は「共産党とボリシェヴィキ・パルチザンを利した理由で、一六〜六〇歳のユダヤ人の男女を問わず約八〇〇名を射殺した」と殺害場所も挙げず報告している。これは旅団兵士七〇〇〇名でユダヤ人男女を無差別に殺害したことを意味している。武装親衛隊の本部隊もまた、ユダヤ人虐殺を独ソ戦の緒戦から行っていたのである。

一九四一年八月一日、中央軍集団のもとプリピャチ湿原一帯で作戦行動をとっていた武装親衛隊所属親衛隊第二騎兵連隊に対して、ヒムラーから命令が下った。それは「すべてのユダヤ人を射殺し、ユダヤ人女性は沼へ駆り立てよ」というものだった。ヒムラーは女性を殺害対象から外したのではない。女性射殺経験が兵士のトラウマになるのを望まなかったからである。

連隊は、その命令前の七月二七日から八月一一日にかけて、プリピャチ一帯で六五二六名のユダヤ人匪賊を射殺していた。さらに、八月一三日には一万三七七八名の殺害を「成果」として報告している。これについて連隊指揮官ヘルマン・フェーゲラインは、兵士にとって最も重い任務になったと語っている。

一九四一年八月三日にはウクライナのスタロコンスタンチノフで、先に挙げた武装親衛隊第一旅団の第八歩兵連隊第一・第二大隊が、ユダヤ人男性三〇二名、ユダヤ人女性一八七名を殺害する。実行を検分したフリードリヒ・イェッケルン親衛隊中将（一八九五〜一九四六）は次のように演説している。

「現在の戦争の責任は、世界のユダヤ人にある。彼らはドイツ民族の生存を望まないからだ。よってユダヤ人を絶滅することが必要である」

イェッケルンは、一人のユダヤ人に強制的に赤旗を持たせ、自らの演説をこのユダヤ人の射殺で締めくくった。

ある虐殺風景

八月四日早暁には、同第三大隊がウクライナの住民二万名の町オストログに向かった。オストログは人口の50％以上をユダヤ人が占めていた。町ではパルチザンがビラを撒《ま》き、ドイツ軍占領への抵抗を呼びかけていた。一方で第三大隊には、オストログ近郊でドイツ軍用車が襲撃され乗員が殺害されたと伝えられていた。

午前五時、二個中隊が町に侵入した。だが兵士たちはパルチザンの狩り出しは行わず、家々からユダヤ人を引きずり出した。大隊指揮官は、総統の思《おぼ》し召しで健康回復を図るべく病人と弱者を選び出していると呼びかけたが、老人、子ども、患者だけでなく「労働可能」なユダヤ人成人男女八〇〇〇名が集められた。その後、町から郊外まで連れ出され、ウクライナ人によって掘られた長さ二五メートル、幅四メートルの巨大な穴の縁に次々に立たされ銃殺されていった。

一名に二名の兵士が付き一名は後頭部を一名は心臓を狙って撃ち、子どもは母親の肩に乗せ母親ともども三名の兵士が撃ち、射殺は繰り返された。

実は射殺の兵員選定にあたって、殺害に耐えられない者は遠慮なく申し出るようにという指示があり、一〇名から一五名が他の任務に回してほしいと申し出たという。この間ユダヤ人は靴も下着も脱がされ、それらはウクライナ人に配られていた。

そのうちに国防軍将校数名が現場に現れ、差し迫って必要なユダヤ人職人まで殺害することの無意味さを指揮官に強調し、四時間後に射殺は中止される。だが、この日少なく見積もっても二〇〇〇名が犠牲になった。さらにオストログのユダヤ人は、九月一日に普通警察の部隊によって二五〇〇名が虐殺されることになる。

「殺害対象」をめぐって

親衛隊の組織について、一九六〇年代に『髑髏《どくろ》の結社』として初めてまとめた歴史家ハインツ・ヘーネは、行動部隊《アインザッツグルッペン》三〇〇〇名がソ連領内五〇〇万名のユダヤ人を虐殺したとしている。だが、その後の研究によれば、ドイツ国防軍が敗戦までに征服した地域のユダヤ人は四〇〇万名であり、殺害されることなくソ連支配領域へ逃れたユダヤ人は一五〇万名と見積もられ、現在では実際に殲滅に直面したのは約二五〇万名と考えられている。

緒戦から四つの行動部隊や武装親衛隊は、数多くのユダヤ人を虐殺してきた。また、年齢や性の差異によらぬ無差別なユダヤ人大量虐殺《ジェノサイド》として、ホロコーストの本格的始動が垣間見える。

歴史家クリスティアン・ゲルラッハは、行動部隊Bに下された一九四一年八月一二日の命令などに注目し、独ソ戦最初の七週間ないし一〇週間は、ユダヤ人男性のみが処刑の対象で、まだ女性や子どもにまで拡大されていないと結論づけているが、六月から七月の段階で対象を限定していない事例も散見される。

一九四一年七月二日、ハイドリヒが親衛隊・警察高権指導者たちに宛てた書簡で、行動部隊の処刑対象を「ボリシェヴィキの役員、過激分子、党・国家内の地位を占めるユダヤ人」と記し限定しているが、七月一七日には各地域の反ユダヤ主義を利用したポグロム煽動も指示しており、特定の社会層に限らないことが示唆されていた。

また、行動部隊B所属の第九行動隊指揮官フィルベルトによれば、ソ連侵攻直前にハイドリヒから、「東方ユダヤ人を根絶しなければならない」という命令を受け取っていたという。つまり、ソ連侵攻とともに、行動部隊を中心として老若男女を問わないユダヤ人への大量虐殺ははじまっていたのである。

現地人の協力

ユダヤ人虐殺には、ロシア人の支配下にあったラトヴィア、エストニア、リトアニアといったバルト三国やウクライナ、ベラルーシでの現地の人びとの協力もあった。

バルト三国は、早くも七月上旬までにナチ・ドイツが占領した。バルト三国の人びとは、前年六月よりソ連に占領され、ソ連への反感からナチ・ドイツの侵攻を「解放者」として歓迎した者が多かった。

この地域のユダヤ人は、特にリトアニアの都市部に多数居住していた。ソ連侵攻直後、ドイツ軍によってたちまち占領されたリトアニアの首都カウナスでは、行動部隊《アインザッツグルッペン》Aに唆《そその》かされた現地の人びとが、ユダヤ人を棍棒《こんぼう》で殴殺していった。

指揮官シュターレッカーは、「総計七八〇〇名のユダヤ人が、ポグロムで、あるいはリトアニア人行動隊による掃射で片づけられた。死体はすべて除去され、その後の大量射殺は、もはや考えられない」とし、カウナス住民の自発的蜂起によるユダヤ人殴殺を確認している。

現地人による〝ポグロム〟 カウナス，1941年6月

また、シュターレッカーは、約三ヵ月後の一〇月一五日の報告で、現地の反ユダヤ主義者を利用できたことと並んで、ポーランド戦と異なり国防軍との協働が良好になったことを強調していた。実際、国防軍統合司令部長官ヴィルヘルム・カイテルも、九月一二日の指令でソ連占領地域におけるボリシェヴィキとの戦いについて、特に主要な担い手であるユダヤ人に対して容赦ない厳格な対応を要求していた。

一九四一年七月一日以降、ドイツ軍の占領下に置かれたラトヴィアのユダヤ人については、行動部隊A傘下の第二行動隊《アインザッツコマンド》指揮官であった親衛隊少佐ヘルベルト・ランゲ博士の有名な一九四二年一月報告が残されている。

それによれば、ラトヴィア全域で選抜されたラトヴィア人補助警察の助けを借りて、一〇月初めまでに約三万名のユダヤ人が殺害されている。ここでも「数千のユダヤ人が、（ラトヴィア人の）自警団組織によって自発的に片づけられた」と報告されている。

他方では、現在のベラルーシ（当時この地域をドイツはヴァイスルテーニアン〈白ルテニア〉と呼んでいた）のミンスク（現首都）に進軍したドイツ国防軍第四軍部隊は、ソ連軍兵士捕虜だけでなく、ミンスク市民の一八〜四五歳までの男性も拘束し、その約一四万名を急遽設けた巨大な収容所に押し込めた。

この収容所は、ほとんど体を動かすこともできないほどスペースが狭く、しかも約一週間わずかな食料しか与えられない非人間的な状態にあった。行動部隊Bと第四軍付属野戦警察は、そうしたなかで犯罪者、共産党活動家、非白人、ユダヤ人を探し出し、処刑を行っていったという。

ゲーリングの「七月指令」の意味

さて、一九四一年七月三一日、ヒトラーの後継者であり、軍備総責任者で四ヵ年計画全権だったゲーリングは、ハイドリヒを「ドイツのヨーロッパ勢力圏におけるユダヤ人問題全面解決準備全権」とする文書を発した。これによりハイドリヒは、ユダヤ人問題の「最終解決」全体の総指揮者になった。

かつての研究では、ゲーリングからハイドリヒへの、この七月三一日の書面による全権委任こそ、老若男女を問わずユダヤ人を大量虐殺する画期だったとの主張が強かった。しかし最近の研究では、先に行動部隊《アインザッツグルッペン》や武装親衛隊による大量虐殺を挙げたように、ソ連侵攻とともにユダヤ人への無差別虐殺が行われてきたことが明らかになってきている。

ハイドリヒによれば、四ヵ月前の三月二六日、すでにゲーリングと会談し、独ソ戦準備にあたって、コミッサール、ユダヤ人の危険性について、また虐殺の対象について、見解を求められていたという。ハイドリヒのメモによれば、ユダヤ人問題に関する計画案はこのときにゲーリングに提出されていた。

射殺からガス殺へ

だが、ソ連侵攻とともにはじまったユダヤ人の無差別大量射殺は、非常にセンセーショナルであり、直接の執行者たちに心理的抵抗を引き起こしつつあった。親衛隊のトップであるヒムラーでさえも、大量射殺をミンスクで実見し気分が悪くなったと伝えられている。のちに絶滅収容所へのユダヤ人輸送の最高責任者となったアードルフ・アイヒマンも、その名高い「イェルサレム裁判」（一九六一年）で、一九四一年九月ないし一〇月にミンスクで射殺の現場を視察し、死にきれず手足をなお動かしている女性を見て「耐えられなかった」と告白

巡回中のヒムラー　ミンスク近郊の捕虜収容所，1941年7月か8月

している。

一九四一年八月一五日、ヒムラーはそのミンスクで、他の殺害方法の検討を国家保安本部刑事警察の責任者で行動部隊《アインザッツグルッペン》Bの指揮官ネーベに依頼した。

ネーベはベルリンの対犯罪技術研究所から、「安楽死」作戦で一酸化炭素ガスの使用を提案した生物・化学専門家の親衛隊少佐アルベルト・ヴィートマンと親衛隊中佐で第八行動隊指揮官のオットー・ブラートフィッシュ博士（一九〇三～九四）を召喚し、いくつかの実験をベラルーシ内各都市で行わせた。

まずミンスクで爆薬、モギリョフでトラックを使ったガス殺、そしてノヴィンキでは施設を使ったガス殺の実験が行われた。

爆薬を使った実験は、密閉タンクに殺害対象を入れ爆殺を図るものだった。だが、時間がかかり、完璧な成果が上げられず、大量殺害は望めないという結論が出された。

ガス・トラックを使った実験は、九月一七日に行われた。五〇〇〜六〇〇名のユダヤ人を中心とした労働不能者が一三時間にわたり改造されたガス・トラックに入れられ、一酸化炭素ガスで殺害された。

翌一八日には、施設の浴室を使ったガス殺実験が行われ、約九〇〇名の周辺地域の精神障害者が殺害された。ガスにはツィクロンB《ベー》が用いられた。

ガス・トラックの開発にあたっては、国家保安本部のヴァルター・ラウフ親衛隊大佐（一九〇六〜七二）が関与していた。彼の文書はドキュメンタリー映画『SHOAH ショア』（一九八五年。「ショア」はホロコーストと同義のヘブライ語）でも詳しく紹介され、「大量射殺が兵士にとってかなりの重荷になってきており、自分のガス・トラックはこの重圧から兵士を解放した」と転換の経緯が語られている。そこにみられる意識は、ヒムラーと同様であった。

このように、ナチ・ドイツによるユダヤ人問題の「解決方法」は過激化していった。当初、ポーランド占領までは「追放」を考え、それまでの過渡期として「ゲットー」に押し込める。追放地として目論んだソ連の膨大なユダヤ人に対しては、「大量射殺」で臨んだ。だがその限界はすぐに露見し、独ソ戦が膠着状態となるとともに、最終的には毒ガスを用いる「大量殺戮」が求められるようになるのである。

第Ⅴ章

「最終解決」の帰結——絶滅収容所への道

国内ユダヤ人の移送問題

ソ連侵攻から二〇日ほど過ぎた一九四一年七月九日、ヒトラーはゲッベルスに「東部の戦争は基本的に勝利した。われわれはなお一連の困難な戦闘を戦い抜かねばならないが、ボリシェヴィズムはこの敗北から立ち直れないだろう」と語った。

二〇日には、ヒムラーはポーランド総督領東部に位置するルブリン地区を完全にドイツ化（＝ドイツ人の移住地）する計画を明らかにした。一年前までは、ドイツ東部編入領はじめ、各地からユダヤ人が送られてきた地域である。この地のユダヤ人をソ連地域に移送することが念頭にあった。

だが、七月末から八月初め東部戦線の戦局は、楽観的な雰囲気を一変させた。ゲッベルスの日記には、「国民はソ連の軍事力に対する評価を少し誤っていたかもしれない」（八月一日）、「ソ連を片づけるまでには、きわめて頑強な血みどろの戦いに直面させられるだろう」（八月一〇日）と、その変化を記している。

一方でヒムラーが、ミンスクで大量射殺とは異なるユダヤ人の殺害方法の検討をネーベに依頼した同じ八月一五日、ベルリンでは、諸官庁・ナチ党諸機関の代表約四〇名がゲッベルスからの招待を受け、国民啓蒙宣伝省（宣伝省）に集まった。ベルリンのユダヤ人七万名をどう処遇するか協議を行うためである。ゲッベルスは、ヒトラーの政権掌握以前から一貫して首都ベルリンのナチ党大管区指導者も務めていた。

この会議でゲッベルスは、独ソ戦でのドイツ不利の噂をユダヤ人が広め、国民の士気を落とすことを避けるため、ベルリンのユダヤ人の東方移送を求めた。だがゲッベルスの要求は認められず、働いていないユダヤ人の配給食料を減らすことだけが決まった。議長役の宣伝省次官レオポルド・グッテラーが「ユダヤ人を殴殺できれば最善なのだが」と毒づくことで会議は終了した。

国家保安本部から派遣されて会議に出席していた同第四局（ゲスターポ〈秘密国家警察〉）ユダヤ人問題課長アードルフ・アイヒマンによれば、ハイドリヒによる国内のユダヤ人の強制移送の提案を、ヒトラーが軍事作戦が継続しているあいだは無理だと承認しなかったという。

八月一九、二〇日、ゲッベルスはヒトラーにユダヤ人についての二つの許可を求めた。一つは、ポーランド占領後にこの地域で導入されたユダヤ人への黄色い星を縫いつけた衣服の着用義務付けをドイツ国内のユダヤ人にも適用させることである。ドイツ国内では治安問題への危惧から、適用されていなかった。もう一つは同国内ユダヤ人の強制移送の再要求であった。ヒトラーは前者は承認し、後者についても東方での作戦が終わりしだいベルリンからユダヤ人を追放してよいと約束した。
ゲッベルスの日記はこう記している。

総統は、［筆者註――序章二一ページで引用した一九三九年一月三〇日の］国会演説で語った予言が実現しつつあると信じている。ユダヤ人が万一世界戦争を挑発することに成功すれば、彼らの絶滅に終わるだろうと。ここ数週間、数ヵ月ほとんど不気味といってもいいような確実さでこれが真実になってきている。東方でユダヤ人はその代価を払いつつある。ドイツでも一部はすでに払わせたが、彼らは将来さらにもっと払わねばならなくなるだろう（中略）彼らは東方の厳しい気候の下で打ちのめされることになるのだ。

ユダヤ人問題についてゲッベルスの言動からわかるのは、黄色い星を衣服に縫いつけることを義務付けたり、東方への強制移送といったレベルは、ゲッベルスのような立場でも、提言や要請が可能だったことである。だが、同時に最終的にはヒトラーの承認が必要だったことである。また、ヒトラーが、ソ連やポーランドの東方ユダヤ人と、ドイツ・ユダヤ人の処遇を区別していたことである。
いずれにせよ、九月一日、六歳以上のドイツ国内のすべてのユダヤ人に、黄色い星を衣服に縫いつけることを義務付ける命令が公布された。

独ソ戦好転の影響

独ソ戦の戦局は、九月に入ると明るくなった。八日にはドイツ軍北方軍集団がラドガ湖に到達し、レニングラード（現サンクトペテルブルグ）は、完全に陸路による他の都市との接続を遮断された。一二日には、南方軍集団がソ連軍の抵抗を突破、一六日にはウクライナの中心都市キエフを包囲し、二六日には陥落させていた。一〇月初めには、ヒトラーも最後にはソ連に勝利するという楽観的展望に傾いていた。

ゲッベルスの日記によれば、スターリンは降伏するでしょうかという質問にヒトラーは、「現状ではありそうにもないが、考えられることだ（中略）迫ってきた冬が何をもたらすかいえないが、考えられるあらゆる事態に備えておく必要がある」（一〇月四日）と答えている。ヒトラーは八月末以降、「東部の戦争継続中」を理由とする、ユダヤ人の東方移送への不許可は出さなくなっていった。

ここにきてユダヤ人問題は、ハイドリヒやアイヒマンなどがいる国家保安本部が中心となって、新たな政策への移行、それも国家・党の中央などを巻き込む重大な政策変更に向かって動き出していた。

すでに第Ⅲ章でみたように、地域によっては、「餓死させるがままにしておくより素早く片づけるほうが好ましく思われます」（一九四一年七月一七日、親衛隊保安部のポーゼン〈ポズナニ〉支部長兼ヴァルテガウ民族問題局長ロルフ＝ハインツ・ヘップナーからアイヒマンへの書簡）など、包括的な「最終解決」の根本的決定を求める声が強まっていた。

ヘップナーは、九月三日にもアイヒマン宛書簡を送り、戦争終結後のソ連占領地域へのユダヤ人強制移送がユダヤ人問題の「最終解決」であるとし、そのために移送センターの再編が必要であると訴えていた。一九三九年秋以降ヘップナーは、ヴァルテガウでユダヤ人とポーランド人を総督領に強制移送する任務を負っていたが、ユダヤ人を移送するシステムのド

アードルフ・アイヒマン（1906～62）　ゲスターポ・ユダヤ人問題課長．オーストリア（墺）で育ち，1932年墺ナチ党入党．33年墺ナチ党禁止を契機に，ドイツに移住．35年親衛隊保安部対シオニスト担当．シオニズム運動に一時期，共感を示す．38年墺併合時，ユダヤ人大量出国の実績から，39年国家保安本部第Ⅳ局（ゲスターポ）ユダヤ人問題課長．絶滅収容所建設後，強制移送に決定的に関与．典型的テクノクラートで，戦局悪化からヒムラーによる絶滅政策中止後も，政策の一貫性に固執．大戦終了後，50年アルゼンチンへ脱出．60年イスラエル情報機関に拉致連行され，61年イェルサレムで裁判，62年絞首刑．

1935年29才 親衛隊に

ヴァンゼー会議
36才

イツ全域への拡大、戦争終結後の「大ドイツ国家」全体での移送システムの必要性を強調したのだ。

さらに、追放されるべき住民の運命について、ヘップナーは「生命のたしかな約束を永久に保障するのか、それとも完全に絶滅させるのか」の「根本的決定」がなされなければならないとしていた。

九月初め、セルビアのドイツ軍当局は、ユダヤ人男性八〇〇〇名をパルチザン活動阻止の口実で、ポーランド総督領かソ連へ追放したいと訴えていた。外務省のラーデマハーから照会されたアイヒマンは、九月一三日にドイツのユダヤ人さえ送れない状況で問題外だと答え、ユダヤ人の射殺を提案している。一ヵ月後、セルビアのドイツ軍当局はラーデマハーとアイヒマンの代理に、ユダヤ人は処刑したと連絡した。

九月一四日から一五日にかけて、ヒトラーはヒムラーに対し、国内で騒乱が予想される事態になった場合、強制収容所の生存者を一掃してしまう必要があると指示を出した。

引き受け先をめぐる対立

九月一七日、ヒトラーは大ドイツ国家領域（ドイツ本国、オーストリア、ベーメン・メーレン保護領〈ボヘミア・モラヴィア保護領〉）のユダヤ人移送をついに認めた。独ソ戦の好転がヒトラーに東方への移送を承認させたといえよう。

このヒトラーの決定について、ハンブルク・ナチ党大管区指導者カール・カウフマンが、空襲で家屋を失った市民への住居割当てを強く訴えたこと、スターリンによる「ヴォルガ・ドイツ人」（一八世紀半ば以降、ソ連領内ヴォルガ河周辺に暮らす民族ドイツ人）のシベリア強制移住への対抗措置が直接の要因だという指摘もある。いずれにせよ、最大の要因は東方に移送できる可能性が高くなったことだろう。

翌一八日、ヒムラーはヴァルテガウ指導者アルトゥア・グライザー（親衛隊名誉大将）宛書簡で「総統は西から東に向けて、ユダヤ人を大ドイツ国家領域からできるだけ早く立ち退かせ、彼らから解放されることを望んでいる」と伝えた。そのうえで一九四一年内に、できるかぎりヴァルテガウに送り、四二年春にはさらに東方へ追放すると記している。

ヒムラーはこの書簡で、まず六万名をヴァルテガウのウーチ・ゲットーに強制移送するとしている。ヴァルテガウには移送に比較的慣れた組織が存在し、ウーチにはヘップナーのような人物がいたからだろう。また、ヴァルテガウでは「労働不能」とみなしたユダヤ人を「片づける」計画をゲスターポなどが繰り返しすでに行っていたことが大きかったからだ。

最終的には、グライザーによってウーチ・ゲットーへの移送は、二万五〇〇〇名（ユダヤ人二万名、ツィゴイナー〈シンティ＝ロマ〉五〇〇〇名）に決まった。だが、この連絡を受けたウーチ市長ヴェルナー・ヴェンツキは、九月二四日に県知事フリードリヒ・ユーベルヘーア（親衛隊准将）に強い抗議の書簡を送る。ヴァルテガウ内からのユダヤ人二九〇〇名の受け入れさえ困っている折、他地域からユダヤ人、さらにはツィゴイナーをウーチ・ゲットーに受け入れることへの不満であった。特にツィゴイナーの受け入れについては、秩序治安上の問題を起こし、軍のための生産活動に影響しかねないと拒否の要望が記されていた。

アイヒマンもまた、九月二九日のヘップナー宛書簡で、ヴァルテガウに二万五〇〇〇名を送ることになったと伝えている（同時にその書簡で、一九四一年三月と八月に宣伝省の会議で協議したときと同じく、現段階では総督領に送ることはできない、ソ連占領地域への強制移送も輸送条件がもっと改善されねばならないとしている）。

A・グライザー

一〇月四日、県知事ユーベルヘーアは、ウーチ・ゲットーへの二万五〇〇〇名の追加問題についてヒムラーに書簡を送った。そこでは、ゲットーへのインフラ整備の支出は不可能であり、軍のための生産保証の限界、伝染病、食料欠乏、治安・秩序紊乱などの危険を挙げ、伝染病蔓延の危険は、ウーチの「アーリア人地区」に暮らすドイツ人一二万名にとって看過できないとしていた。そして、ゲットーそのものを「大削減ゲットー」、つまり殺害を容認して移送を受け入れられる状態にすることを条件としていた。

ユーベルヘーアは、一〇月九日に再びヒムラーに抗議の書簡を送った。ヒムラーはこれをはねつけたが、一一日にウーチ・ゲットー行政長官ハンス・ビーボから事態を知った国防軍国防経済部長ゲオルク・トーマス将軍が介入する。トーマス将軍はウーチ・ゲットーへの二万五〇〇〇名の追加は戦争に不可欠な生産活動を阻害しかねないとし、そのうえでヒムラーにワルシャワなど他のゲットーへの移送の可能性を打診した。

ヒムラーはグライザーと協議し、ゲットーの「合理化」(移送・収容・給養・強制労働投入の同時過程円滑化・コスト削減)の必要性を確認した。そして、労働力として利用可能な者と「非生産的な」(労働不能)の者に二分し、後者に対し組織的・効率的に殺害する方法を選択するのである。この前提のもと二万五〇〇〇名がヴァルテガウ内のウーチ・ゲットーへ送られることになる。

ウーチ・ゲットーへの移送

移送の状況を、史料が豊富に残されているウィーンのケースからみてみよう。

一九四一年九月末、ウィーンのユダヤ人出国中央本部で重要な役割を担っていたアロイス・ブルンナーはウィーンのユダヤ教信徒共同体の長ヨーゼフ・レーヴェンヘルツ博士に対し次のように告知した。

「空襲被害のアーリア人住民に住居をあてがうため、旧ドイツ国、保護領、ウィーンのユダヤ人の一部をリッツマンシュタット（ウーチの独語名）に移送する」

ウーチに到着したユダヤ人　1941年10月あるいは11月

指名を受けたユダヤ人は、一人五〇キロまでの手荷物、シーツ、クッション、毛布と一〇〇ライヒスマルクの現金の所持のみが許可された。ウィーンのユダヤ人は、まず一〇月一五日に一〇〇〇名が列車で送り出され、その後一九日、二三日、二八日、一一月二日と五回にわたって総勢五〇〇二名がウーチ・ゲットーに送られた。

ドイツの場合もそうであったが、移送を円滑に進めるため、共同体職員とその家族は対象から外され、出国書類をすでに持っていた者、完全視覚障害者、廃疾者、傷痍軍人、戦時勲章受章者、老人介護・強制労働施設入居者なども外された。

このウィーンのユダヤ人の移送が終わると、オーストリア全土のツィゴイナー五〇〇〇名が、五回に分けてウーチ・ゲットーに送られた（一部はオーストリア・ランケンバッハの「ツィゴイナー収容所」に留め置かれた）。このツィゴイナーのほとんどは「労働不能」と即刻判定され、第Ⅱ章で触れたガス・トラックで殺害された。

ソ連占領地域への移送と抗議

一方で、一九四一年一〇月一〇日、ベーメン・メーレン保護領の中心地プラハで総督代理であるハイドリヒを中心にユダヤ人問題について会議が行われていた。大ドイツ国家領域からウーチ・ゲットーへ移送されるユダヤ人が、先述のようにヴァルテガウ指導者グライザーによって六万名から二万五〇〇〇名に減らされたからである。議題は、ベーメン・メーレン保護領下、なお八万八〇〇〇名存在するユダヤ人をどこに移送するかだった。

会議では最終的に、ソ連でボリシェヴィキ、ユダヤ人の大量射殺をすでに実行中だった行動部隊《アインザッツグルッペン》Aの拠点リガ（現ラトヴィア首都）、行動部隊Bの拠点ミンスク（現ベラルーシ首都）に、合わせて五万名を送ることを決定した。作戦地域のボリシェヴィキ用収容所に、ユダヤ人の収容も可能だと踏んだのである。

翌一一日、アイヒマンから連絡を受けた行動部隊Aの指揮官シュターレッカーは、リガのドイツ文民行政トップ、総務委員オットー・ドレクスラー博士のところに慌てて飛んでいった。「総統の意思によって、リガ、ミタウ、トゥクムに、ドイツ本国や保護領から送られてくるユダヤ人用の大強制収容所設立が日程にのぼっている」。ドレクスラーには寝耳に水の話だった。

ドイツの東部占領地域（1941年末）

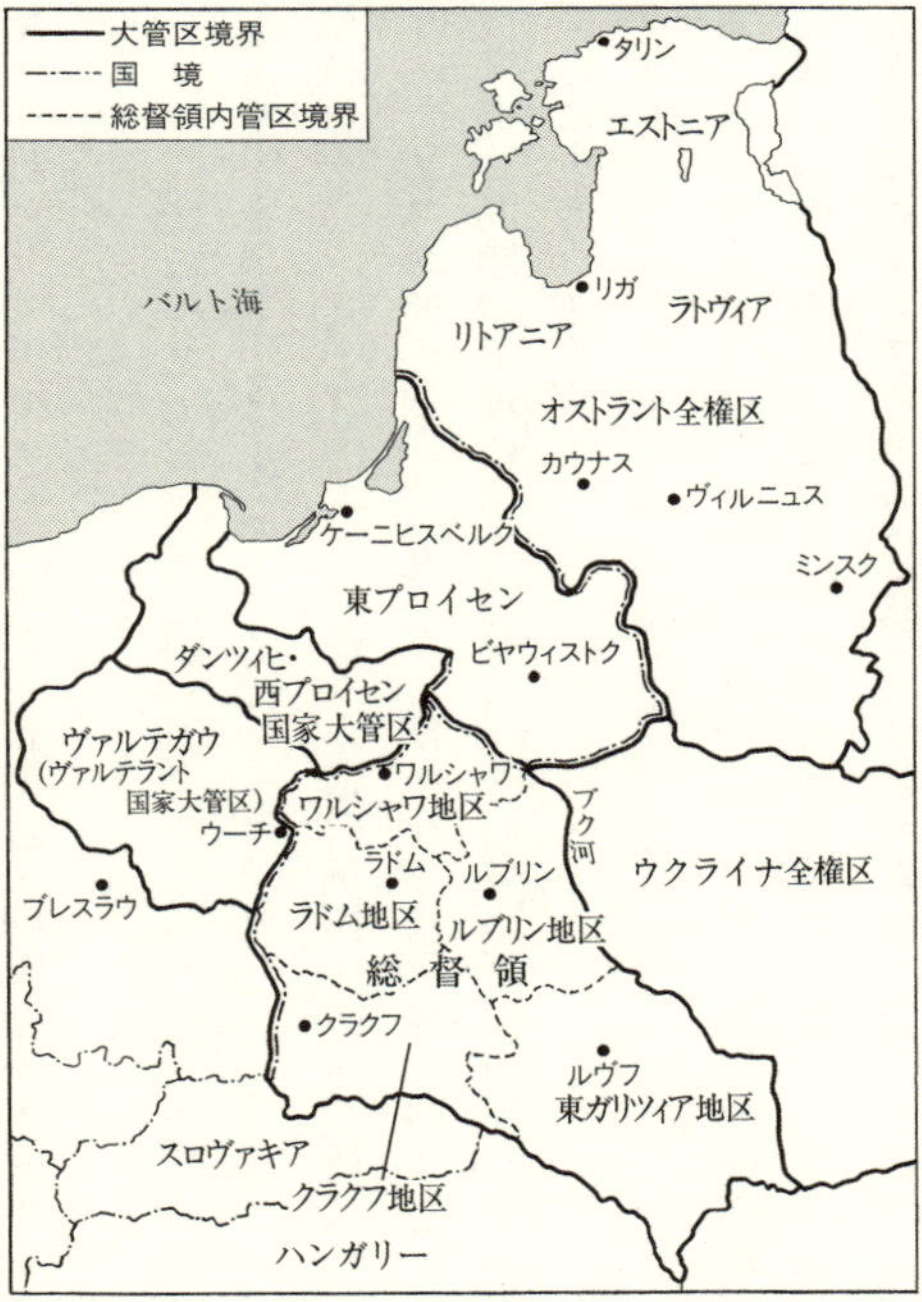

一〇月一一日以降、大ドイツ国家領域から移送されてくるユダヤ人について、リガでは行動部隊Aとドイツ文民行政側との交渉が繰り返された。スペース不足のため受け入れが困難だったからである。ついには、文民行政側はドレクスラーの上司であるオストラント（ポーランド東部、バルト諸国、一部ベラルーシを統括）

全権区全権のヒンリヒ・ローゼが、親衛隊・国家保安本部による移送計画について抗議するため直接ベルリンに赴いた。

ベルリンでは、このローゼに対してアルフレート・ヴェーツェル博士（東部占領地域省「人種政策」審議官）は、次のように応えている。

総統官房ヴィクトア・ブラックから収容施設・ガス装置について協力するとの説明を受けている。ガス装置の数が十分でないが、化学専門家ヘルムート・カルマイヤー博士などをリガに派遣し問題の処理にあたらせる。そして「労働可能」なユダヤ人は労働に従事させるためさらに東方へ送る。

ヴェーツェルの説明は、「労働不能」ユダヤ人について、ブラックのスタッフに片づけさせることを示唆していた。ベルリン中央でもガス装置を備えた収容所をリガに作る計画がすでに進行しつつあることをうかがわせる発言である。

だが、このリガでの計画は結局実現されなかった。カルマイヤー博士も総督領のベウジェツに赴くことになったからだ。そして、のちにこのベウジェツでユダヤ人のガスによる大量殺戮を目的とした絶滅収容所が築かれることになる。

ドイツ文化圏のユダヤ人への戸惑い

一一月八日、オストラント全権ローゼがまだベルリンに滞在中、行動部隊《アインザッツグルッペン》Aのヘルベルト・ランゲは、あらためてドレクスラーに次のようなユダヤ人移送の告知をした。

「国家保安本部から、オストラント全権区へ五万名のユダヤ人移送が実行されることになり、ドイツ本国と保護領からそれぞれ二万五〇〇〇名がミンスクとリガに送られる（中略）ミンスクへの移送は、第一陣が一一月一〇日、その後は二日おきに一二月六日まで行われる。残った者は一九四二年一月一〇日～二〇日のあいだに行う。リガへの移送は、第一陣が一九四一年一一月一九日。あとは二日の間隔をおいて一二月一七日まで、ないしは一九四二年一月一一日～二九日のあいだに行う」

リガのドイツ文民行政側は移送阻止を訴えたが、一一月一三日に東部占領地域省局長ゲオルク・ライプブラント博士は、リガやミンスクの収容所は暫定措置であり憂慮する必要はないとし、親衛隊・警察高権指導者フリードリヒ・イェッケルンとも接触し「通過収容所（強制移送の最終目的地までの途中、一次収容を目的とした収容所）であって、さらに東方に移される見通しである」と答えている。

一一月中旬以降、ベルリン、フランクフルト、ミュンヒェン、ウィーン、ブレスラウから五回に分けて五〇〇〇名のユダヤ人がリガに向けて強制移送されたが、最終的にはリトアニアの首都カウナスに到着した。

彼らは、「労働可能」なユダヤ人とみなされず、カール・イェーガー親衛隊大佐の部隊によって、カウナスの第九要塞で、一一月二五日、ベルリン、フランクフルト、ミュンヒェン出身の男性一一五九名・女性一六〇〇名・子ども一七五名が、一一月二九日にはウィーン、ブレスラウ出身の男性六九三名・女性一一五五名・子ども五二名が殺害された。

だが、一一月二〇日にオストラント全権区国防軍司令官ヴァルター・ブレーマー中将が、逼迫した輸送事情と「ベラルーシ住民大衆に比べはるかに知的に優るドイツ・ユダヤ人の搬入は、ベラルーシ地域にとって大きな危険を意味する（中略）新たに流入したユダヤ人は、あらゆる手段をもって共産党機関などと結びつこうとし煽動を試みる」として、アイヒマンにユダヤ人の移送中止を訴えた。

これによって、大ドイツ国家領域からのユダヤ人移送は、一一月の七回の移送後はすべて中止されることになった。

文民行政側であるベラルーシ総務委員ヴィルヘルム・クーベも、一一月二九日に次のような理由を挙げ批判を行っている。

移送されてくる二万五〇〇〇名のうち最初の六〇〇〇～七〇〇〇名のなかには、第一次世界大戦中の第一級・第二級鉄十字勲章を授与された軍人、四分の三アーリア、二分の一アーリアが含まれている。さらにロシア・ユダヤ人の五倍の効率性を上げられる熟練工も含まれていた。「われわれの文化圏出身の人間は、東方現地の動物的な連中とは少し違う」。こうした人びとを殺害の対象にして、ドイツ国家、ナチ党の威信を落とすことがあってはならないとクーベは強調していた。

ラトヴィア、リトアニアでの大量処刑

一方で東部の現地部隊は、その地のユダヤ人の大量虐殺を行っていた。

先述したようにラトヴィアの首都リガでは、大ドイツ国家領域からのユダヤ人用ゲットーが完成せず受け入れが危惧されていた。そこでミンスクで辣腕《らつわん》をふるって昇進していたイェッケルン親衛隊大将が、リガに集められたラトヴィア・ユダヤ人のうち四〇〇〇〇名を一一月三〇日、ランゲ親衛隊少佐指揮下特別行動隊《ゾンダーコマンド》の助けを借りて虐殺した。これはのちに「リガの血の日曜日」と呼ばれることになる。

さらに、一二月八日にも大量虐殺を行い、ラトヴィア・ユダヤ人犠牲者は二万五〇〇〇名を超えた。その結果、虐殺によってつくられたスペースに、一二月一〇日から大ドイツ国家領域からユダヤ人が続々と送られるようになる。

リトアニアの古都ヴィルニュスでも、一一月六日にリトアニア・ユダヤ人に対する最後の大がかりな虐殺が展開された。

イェーガー親衛隊大佐の一二月一日付報告によれば、七月から一一月初めまでの四ヵ月間に、一五万名を超えるリトアニア・ユダヤ人男性・女性・子どもを殺害したという（リトアニア・ユダヤ人全体の80％に相当）。イェーガーはさらに「『労働ユダヤ人』とその家族以外のリトアニア・ユダヤ人は生きていない」と報告書に記している。

ヘウムノ絶滅収容所の始動

ユダヤ人の追放先と考えていたソ連、つまりは東方にスペースは十分になく、ゲットーも許容の限界にきていた。現地がイニシアティヴを執った大量虐殺にも限界がきていた。

一九四一年一二月、ついに人間の殺害のみを目的とした絶滅収容所が設立された。ヘウムノ絶滅収容所である。この絶滅収容所の起動は、ヒムラーとヴァルテガウ指導者グライザーのあいだで一九四一年九月一八日決められた。ウーチ・ゲットーの「労働不能」のユダヤ人をすべて抹殺するためである。苛酷な住居・労働環境のなか「労働不能」のユダヤ人は増加して死者は続出していたが、さらに「合理的」な「処理」を求めた帰結であった。

ヘウムノ（独語名クルムホーフ）はヴィスワ河畔にあり、ヴァルテガウ最大都市ウーチから北西に五五キロ離れ、ウーチとは簡便鉄道と幹線道路で結ばれていた。ヘウムノ絶滅収容所は、中庭を持つ城館と四キロ離れた松の森とをつなげる形であり、そこに特殊改造を施し

ヘウムノ絶滅収容所に移送されてきたユダヤ人

た三台のガス・トラックが配備されていた。ヘウムノ絶滅収容所では、このトラックの排気ガスを使って一度に一五〇名をガス殺することができた。また、絶滅収容所から四キロ離れた松の森にいわゆる「森の収容所《ヴァルトラーガー》」があり、長さ二〇～三〇メートル、幅六～八メートル、深さ四メートルの巨大な穴が二つ掘られ、ここに遺体が投げ入れられることになる。

このヘウムノ絶滅収容所設立には、ヘルベルト・ランゲ親衛隊少佐が指揮する特別行動隊《ゾンダーコマンド》が深く関わっていた。ランゲ率いるランゲ特別行動隊は、第Ⅱ章で述べたように、一九三九年末には、移動「ガス・トラック」を開発し、一九四〇年初めには、ポーランドの一万～一万五〇〇〇名の障害者をガス殺していた。

さらにランゲ特別行動隊は、一九四〇年五月から六月に「生きるに値しない生命」とされた一五〇〇名のドイツ人障害者、東プロイセンのポーランド人障害者三〇〇〇名を射殺していた。また、一九四一年一〇月には、ウーチ近郊のザグルフ地方のユダヤ人三〇〇〇名の大量射殺をカジミエシの森で行っていた。ヴァルテガウでは、はじめての大量射殺であった。

一九四一年一二月九日から、ヘウムノに比較的近い町コウォなどのユダヤ人が集められ、ガスによる大量殺戮が本格的に開始された。監視には都市のドイツ人通常警察も動員され、遺体の片づけや清掃にはユダヤ人労務班が用いられた。

一九四二年一月一六日以降、ウーチ・ゲットー内のポーランド・ユダヤ人がヘウムノに移送され殺害された。その人数は、四万四一五二名にのぼった。さらに大ドイツ国家領域から一九四一年一〇月にウーチまで運ばれた一万九八四八名のうち、半数を超す一万九九三名が殺害された。

ヘウムノ絶滅収容所での虐殺は、以下のように偽装され行われた。ウーチのゲットーから移送されて城館に到着したユダヤ人は、ドイツでの労働配置のために移送するがその前に消毒を行うと告げられた。そのうえで聴診器を肩にかけた白衣の偽装医師の前で服を脱がされガス・トラックに乗せられガス殺された。ガス・トラックの遺体については、労務班員として比較的屈強のユダヤ人が取り出し作業に従事させられた。

労務班員で、のちに奇跡的に脱走に成功したモルデハイ・ポドフレブニクの証言は重いものである。

この日到着した三番目のガス車からは私の妻と七歳の息子、五歳の娘の変わり果てた姿の遺体が投げ出された。私は妻の遺体に寄り添って撃ってくれと懇願したが、親衛隊員がたちまちやってきて、「おまえはまだ十分働ける」と牛革の鞭《むち》で私を打ちつけ、作業を続けるよう強制した。この日の夜、二人の労務班ユダヤ人が自ら首を吊った。私もそうして果てたかったが、仲間に説得され思いとどまった。

収容所司令官には当初ランゲが就任していたが、一九四二年三月以降はハンス・ボートマン親衛隊大尉が務めた。常駐の親衛隊員や警察官は一五〇名を超えることはなかった。一九四二年夏には辺り一帯に漂う腐臭が激しくなり、長さ・幅四×四メートル、深さ二メートルの焼却天火（レールを格子として使用）を設け、ユダヤ人労務班員に遺体を掘り出させ昼夜焼却作業を行わせた。

一九四二年六月九日のゲスターポのリッツマンシュタット（ウーチ）支部ユダヤ人担当刑事係警部フックスの報告によれば、大ドイツ国家領域から移送されたユダヤ人の半数以上をヘウムノで殺害したとしている。そして、この報告書は「これでゲットーに約五万五〇〇〇名を収容できる余地ができた」と結んでいる。

ヴァルテガウ指導者グライザーは、五月一日、ヒムラーに「国家保安本部長官との協働で認められたユダヤ人一〇万名特別取り扱い作戦行動は、私の管轄領域では二、三ヵ月もすれば完了致します」と述べている。

ヒムラー、ハイドリヒとグライザーとのあいだで、一種の協定があったといっていい。国家保安本部によって殺害を実行してくれれば、ヴァルテガウでは何人でも受け入れますとも読めるからである。

だが、一九四二年末から四三年にかけてヘウムノ絶滅収容所への移送がほとんど行われなくなる。グライザーによって、ウーチ・ゲットーにおける「労働不能」のユダヤ人が皆無に近くなったことが確認されたからである。そして、一九四三年三月末に収容所は閉鎖・解体される。親衛隊員は四月七日城館を爆破し、「森の収容所」の痕跡《こんせき》も消し、ユダヤ人労務班員もすべて殺害した。だが、ポドフレブニクのように奇跡的に生き延びた者も数名いた。

一九四三年初めまでにヘウムノ絶滅収容所で殺害されたユダヤ人は、少なくとも一四万五三〇一名と見積もられている。

ラインハルト作戦――恒久的絶滅収容所の建設

一方で、ポーランド総督領内に、ヘウムノ絶滅収容所とは違った、ガス・トラックではない恒久的な絶滅収容所が作られようとしていた。これは一般に「ラインハルト作戦」と呼ばれる。

　名称の由来は定かではないが、通説として二つある。のちにプラハで暗殺されたハイドリヒを悼《いた》んで、そのファーストネームを取ったという説、あるいは強欲で知られた大蔵次官フリッツ・ラインハルトの性格にちなんで、そのファミリーネームから取ったという説である。

　ラインハルト作戦は、次のような経緯からはじまる。一九四一年一〇月一七日、総督領東部のルブリンで、総督フランクをはじめ総督領高官、ルブリン地区行政官僚、同地区親衛隊警察指導者オディロ・グロボチュニク親衛隊中将が集まり、ユダヤ人問題について会議が行われた。そこでは、グロボチュニクの責任のもと、必要な職工などを除き、ルブリンからすべて「追放」することが決定され、まず一〇〇〇名をウクライナ全権区の管轄になるブク河対岸である東岸に送ることにした。

O・グロボチュニク

　だが、ウクライナ全権区では会議三日前の一〇月一四日、フランクと東部占領地域大臣ローゼンベルクとの話し合いで、受け入れることはできないと言明されていた。つまり、この「追放」は殺害を意味したのである。すでにグロボチュニクのもとには、殺害を実行するに十分な親衛隊と警察の人員がそろっていた。

グロボチュニクはウィーンのナチ党大管区指導者であった時代から、ヒムラーに注目されていた人物だった。彼の熱烈な「(東方への)ドイツ人の血統追求と入植」イデオロギーと行動主義が目を引いたのである。グロボチュニクは、一九四一年七月二〇日「新しい東方空間における親衛隊警察拠点構築のための親衛隊全国指導者全権」に任じられていた。

グロボチュニクは、親衛隊・警察による四四四名のスタッフで、総督領、ソ連領内の東部占領地域双方の農業経営組織主体、収容所建設監督といった一大事業体を動かせる立場になった。特に八月にはルブリン地区で「戦略農場」の新しい展開をヒムラーに認められていた。戦略農場とは、既存の農地を解体し民族ドイツ人の入植など「ドイツ化計画」を図るものである。そのためにもルブリン地区のユダヤ人を東方へ「追放」することが必要になっていた。だが、先述したように、総督領にも東部占領地域にも、すでに受け入れるスペースはなかった。

一〇月一日、グロボチュニクのヒムラー宛書簡では、ドイツ本国の二〇分の一に満たない総督領に、一九三七年当時のドイツにおけるユダヤ人の倍である三二万名が生活しているとし、民族ドイツ人の状況がポーランド消滅前よりひどくなっていると報告している。そのうえで「民族異質分子のラディカルで徹底した強制的排除」によってのみ、政治的安定、治安が達成できると伝えていた。

一〇月一三日、ヒムラーはグロボチュニクと協議を行ったが、このとき総督領全域に権限を持つ親衛隊・警察高権指導者フリードリヒ・ヴィルヘルム・クリューガーも同席し、まずはベウジェッツでの絶滅収容所建設がグロボチュニクに委任されることになる。その後、ソビブル、トレブリンカと三つの絶滅収容所が、このラインハルト作戦で建設されることになる。その詳細は第Ⅵ章で述べよう。

ヴァンゼー会議の会場　アム・グローセン・ヴァンゼー一の一角，56〜58番地

ヴァンゼー会議

ヘウムノでガスを使った大量殺戮が行われる直前の一九四一年一一月二九日、国家保安本部長官ハイドリヒは「ヨーロッパにおけるユダヤ人問題の全体的解決」の諸問題についての会議を一二月九日に行うため、関係する中央各省庁と占領行政の代表者たちに招待状を送った。

ベルリン南西に広がるヴァンゼー湖畔は、現在、市民のリゾート・ゾーンにもなっている。その高級住宅街アム・グローセン・ヴァンゼーの一角、五六～五八番地の館は、親衛隊保安部の保養館になっていた。ここで会議は予定されていた。

だが、会議は突如延期される。真珠湾攻撃による日米開戦を受けてヒトラーが対米宣戦布告を行う緊急事態となったからである。会議は、翌一九四二年一月二〇日に行われることになる。

のちにヴァンゼー会議と呼ばれるこの会合は、ユダヤ人問題の「最終解決」について、広く討議することを目的としたものであった。近年、このヴァンゼー会議でヨーロッパ・ユダヤ人全体の絶滅が決定されたとする意見もあるが、何百万のユダヤ人を殺戮するという決定は、会議参加者たちの権限を著しく超えるものであった。参加者は表のように、大臣クラス（ヒムラーなどを含む）に次ぐ、ユダヤ人問題については第三ランクの人たちであり、「次官会議」とも呼べるものであった。実際、平均年齢は四一・三歳、かなり若いサブ・リーダーたちである。ちなみに参加者一五名中八名が法学博士であり、当時のドイツとしては際立ったエリートたちでもあった。

主宰者は、前年七月にユダヤ人問題の「最終解決」全体の総指揮者とされたハイドリヒ、会議議事録に責任を持ったのはゲスターポ・ユダヤ人問題課長アイヒマンである。このヴァンゼー会議で何が語られたかは、基本的にアイヒマンの議事録によっている。

ヴァンゼー会議出席者（アイヒマンの議事録による）

長官・親衛隊大将ハイドリヒ	国家保安本部
大管区指導者マイヤー博士	東部占領地域省
局長ライプブラント博士	東部占領地域省
次官シュトゥッカート博士	内務省
同ノイマン	四ヵ年計画庁
同フライスラー博士	法務省
同ビューラー博士	ポーランド総督官房
次官補ルター	外務省
親衛隊准将クロップファー博士*	ナチ党官房
局長クリッツィンガー	内閣官房
親衛隊中将ホフマン	親衛隊人種植民本部
親衛隊中将ミュラー	国家保安本部
親衛隊中佐アイヒマン	国家保安本部
親衛隊准将シェーンガルト博士（ポーランド総督領保安警察・保安部司令官）	保安警察・保安部
親衛隊少佐ランゲ博士（ラトヴィア全権区保安警察・保安部司令官　オストラント全権区保安警察・保安司令官代理）	保安警察・保安部

*議事録に博士号が付けられていないが，筆者が別資料で確認した

他の人物たちの肩書きをみると、次官四名（内務省、法務省、四ヵ年計画庁、ポーランド総督領）、次官補一名（外務省）、東部占領地域省、内閣官房、ナチ党官房の高級官僚、さらに総督領、東部占領地域の抑圧テロ機構の中核を担うゲスターポ、保安警察兼保安部を構成する親衛隊高級将校であった。

計画的な大量殺戮へ

会議は主宰者であるハイドリヒによって進められた。まず、ハイドリヒ自らがゲーリング（軍備総責任者・四ヵ年計画庁長官）から、ユダヤ人問題の総指揮者に指名されたことを確認し、ユダヤ人問題のあり方について論じた。

大ドイツ国家領域から五三万七〇〇〇名のユダヤ人を国外移住させたこと、ヒトラーによってユダヤ人の東方への移送が認められ、問題解決の可能性がみえたことが告げられた。そのうえで参加者の体験によって、新たなユダヤ人問題の「最終解決」の考えが集められるべきだとした。

ハイドリヒは、ユダヤ人を東方で労働させ、多数が「自然的減少」によって淘汰されたのち、生き残った者たちが問題であるとした。こうした生存者こそ頑強な核であり、ユダヤ的生活を再建できる危険分子とし「相応に取り扱わねばならない」、つまりは殺害せねばならないと主張した。

また、「最終解決」の対象として、イギリス、イタリア、ポルトガル、スウェーデン、トルコのヨーロッパ部分も含む全ヨーロッパのユダヤ人、約一一〇〇万名が考慮されねばならないとした。

だが、ヨーロッパ全体を対象にした考えは、イギリス支配でさえソ連侵攻後まったく遠のいたこの時期、その背景にある親衛隊の戦後人種秩序構想も含めて、遠大な目標にすぎなかった。

その後、会議は具体的な話に進んだ。ハイドリヒは、大ドイツ国家領域が、まず先行されねばならないとし、遅滞している強制移送を急ぐべきだとした。

第一次世界大戦で重度の戦傷障害を負った軍人、第一級鉄十字勲章受章など戦功で顕彰を受けた軍人、重要な経営に配置された者たちの除外や、六五歳以上は老人ゲットーの「テレージエンシュタット」へ送り、東方へは送らないなど「分別」を行ったうえで、ユダヤ人を東方に移送すると論じた。そして、「何らかの準備措置をただちに当該地域自体で実施する。ただし住民の不安を引き起こさないよう実行する」と提案した。

占領地域の行政代表者たちはこれを支持した。なかでもヨーゼフ・ビューラー（ポーランド総督フランクの代理）は、殺害によるユダヤ人問題の「最終解決」を総督領で開始するよう提案した。

ビューラーは、総督領ユダヤ人の大多数を「労働不能」としていた。そのため、東方に労働者として移送する必要がなく、「何らかの準備措置」を執ることになる。それは「労働不能」とされたユダヤ人の大量殺戮を意味した。ハイドリヒは、こうした措置を必ず実行するよう要請し会議を終えた。

ヴァンゼー会議は、「労働可能」ユダヤ人には奴隷的労働による苛酷な搾取と「自然的減少」の運命を、「労働不能」ユダヤ人にはガス殺による即刻殺害という選別計画を了承した。ヴァンゼー会議は、ここ数ヵ月間のユダヤ人問題の「最終解決」の趨勢、つまり殺害を認め、ユダヤ人の全面的な追放策から、計画的な大量殺戮への転換を確認したのである。

1942年段階のナチ・ドイツの版図

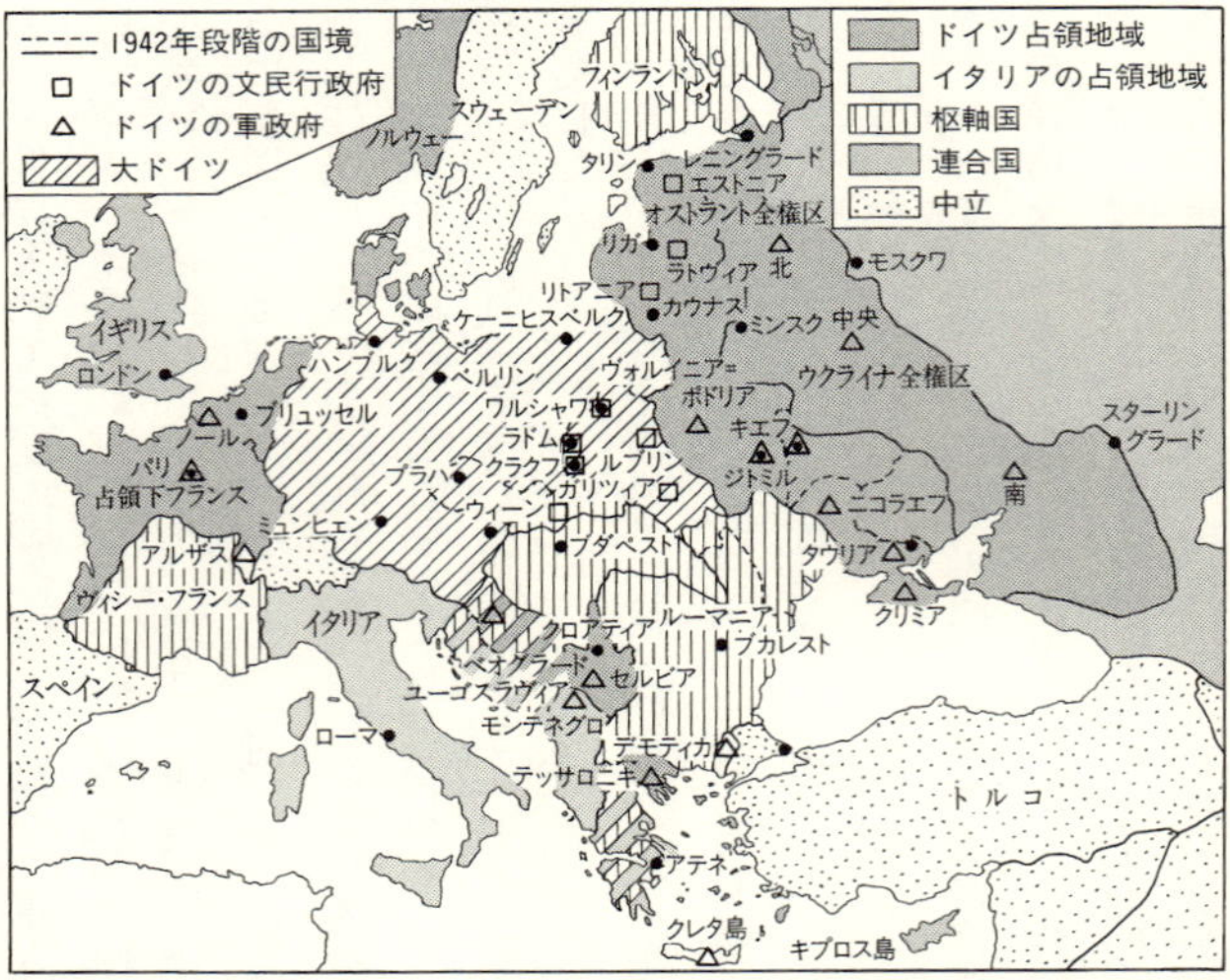

出所：R・オウヴァリー『ヒトラーと第三帝国』（河出書房新社，2000年）を基に筆者作製

アイヒマンはヴァンゼー会議直後の一月末に、ゲスターポの各地集中センターに対し、これからの移送は、大ドイツ国家領域のユダヤ人問題の「最終解決」のはじまりであると明言した。

ヴァンゼー会議以前の東部へのユダヤ人移送は、受け入れ地域の抗議、移送手段の困難をともない、緊急逼迫状態が絶えず喧伝されていた。だが、ヴァンゼー会議以降、受け入れ地域、移送の調整が行われ、厳密な計画が確定できるようになったのである。

特にユダヤ人移送問題の責任者であるアイヒマンは、自らの指揮下のゲスターポに大ドイツ国家領域に居住するユダヤ人の確実な追及を要求するようになっていった。

第VI章

絶滅収容所——ガスによる計画的大量殺戮

1　強制収容所

絶滅収容所と強制収容所

一九四二年一月に行われたヴァンゼー会議によって、ナチ・ドイツによるユダヤ人問題の「最終解決」は、計画的な大量殺戮、つまり「根絶」と確認された。その結果、すでに起動していたヘウムノ絶滅収容所を含め、ラインハルト作戦によるベウジェツ、ソビブル、トレブリンカ、また強制収容所を兼ねたマイダネク、アウシュヴィッツといった六つの絶滅収容所が起動する。

その前にあらためてナチ・ドイツの「強制収容所」について確認したい。

一九三三年、ナチ党が政権を獲得した直後に作られた強制収容所は、敗戦にいたるまで増加し、絶滅収容所の土台になったともいえる存在だからだ。

また、旧ポーランド領にあった絶滅収容所のユダヤ人は、ソ連軍の侵攻によって解放される直前、ドイツ本国の強制収容所に苛酷な移動を強いられる。その結果、ナチ・ドイツ敗戦後、痩《や》せ細ったユダヤ人やその無惨な死体が映像や写真として記録された場所は、こうした強制収容所が多かった。そのため絶滅収容所と強制収容所を混同して理解されることが多い。だがこの二つは厳密には違う。絶滅収容所がユダヤ人殺害のみを目的としたのに対し、強制収容所は、対象となる囚人を拘禁し、再教育の名のもとに懲罰・強制労働による圧迫・搾取を行うところであり、親衛隊の重要な訓練場でもあった。その対象は、ナチ党の政治的敵対者、ユダヤ人やツィゴイナー（シンティ＝ロマ）、戦争に突入すると、占領地域を中心に軍需労働のため強制連行してきた外国人や捕虜を収容し、対象は二〇ヵ国以上に及んだ。ユダヤ人はそこでは決して多数ではない。

しかし、ユダヤ人が強制収容所で、他の集団に比べ劣悪な待遇を受けたことはたしかである。軍需生産の動員における月例死亡率は、他のドイツ人囚人と比較して異常に高かった。強制収容所の一つであるマウトハウゼンでは、一九四二年一一月の死亡者の比率はユダヤ人を一〇〇とした場合、一般予防拘禁ドイツ人三五、四三年一一月には一般予防拘禁ドイツ人二であった。収容者のなかでは、「マウトハウゼンではユダヤ人は三ヵ月以上生きられない」と囁《ささや》かれていた。

いずれにせよ、ユダヤ人には、「労働不能」とされれば虐待・銃殺によって「処刑」される苛酷な運命が待っていた。また一部では、強制収容所内で実験的に行われたガス殺の対象者となっていた。

政治的敵対者とユダヤ人

そもそも強制収容所とはどういったものか。それは、敵性とみなした人間集団を法的手続きなしに拘禁し収容する施設である。古くは南アフリカ戦争（一八九九～一九〇二）で、イギリスが敵国であるトランスヴァール共和国などの非戦闘員を拘禁した例が挙げられる。だが、国家が組織的に作り、積極的に活用したのは、スターリン体制下のソ連とナチ体制下のドイツであった。

ドイツは、ナチ党が政権を獲得してから二ヵ月後、一九三三年三月二〇日、ミュンヒェン北西二〇キロの地に、ダハウ強制収容所を開設する。直接の契機は、国会議事堂放火事件の翌日に出された「国民と国家を防衛するための大統領緊急令」である。

これ以降、「人身の自由」をはじめとする国民の基本権が停止され、当局が裁判所の許可なく人びとを拘禁できるようになった。ダハウ強制収容所を開設・運営したのは、ナチ親衛隊全国指導者だったヒムラーである。

ナチ新政権下、すでに刑務所や仮設監獄は、イデオロギーで敵対する人びとであふれていた。強制収容所（ナチ時代の略号はKL。現在はKZ）の最初の収容者も、共産党員や社会民主党員など、政治的再教育の必要があるとみなされたナチ体制への敵対者である。彼らを中心に、一九三七年初頭までに約七〇〇〇名が収容された。

一九三七年以降になると、親衛隊の支配が政治警察だけでなく全国の通常警察にまで及び、拘禁の対象者は、政治的な敵対者だけでなく、「民族共同体異分子」「反社会分子」「労働忌避者」とされたユダヤ人、ツィゴイナー、同性愛者、「エホヴァの証人」信者などに広がる。ユダヤ人は特に「水晶の夜」以降、出国できず失業状態が続くと、ほとんどが強制収容所に入れられる。こうして第二次世界大戦前の一九三九年には約二万五〇〇〇名が収容されていた。

この時期、強制収容所に拘禁された人びとは、主に石切り、湿地帯の干拓や運河の掘削、堰《せき》構築、他の強制収容所建設など、公共事業関連の労働を強いられている。

第二次世界大戦前までにナチ政権は、ダハウを含めて基幹強制収容所を次のように六つ設けていた（一六九ページ表参照）。ザクセンハウゼン（開設年月、一九三六年七月。以下同）、ブーヘンヴァルト（一九三七年七月）、フロッセンビュルク（一九三八年五月）、マウトハウゼン（一九三八年八月）、ラーヴェンスブリュック（一九三九年五月）、である。ラーヴェンスブリュックは女性を対象とした強制収容所であった。

なお「基幹」とは、収容所司令官（収容所の責任者で「所長」。親衛隊では収容所も戦場と意識され、「司令官」とされた）のもとに収容所司令部と収容所管理部を備え、少なくとも数千人規模の収容所をいう。この基幹強制収容所のもと、近郊や隣接した地域にさまざまな支所があり、戦争の進行とともに増えていく。その大部分は「労働収容所」であり、強制労働に従事する外国人労働者が収容されていく。たとえば、ダハウでは一八三、マウトハウゼンでは、五〇の支所があった。

軍需生産を支える収容者

第二次世界大戦がはじまり、ポーランド占領後は、ポーランドのナチ敵対者や兵士、ソ連侵攻後はその捕虜が強制収容所に送り込まれる。本来、捕虜は軍の収容所に入れるが、膨大なソ連軍捕虜はそこには収まらず、ヒムラーが軍からの要請を受け、強制収容所にも回したのだ。収容者は、一九四一年半ばのソ連侵攻後には、七万五〇〇〇名に膨れあがった。

一九四二年以降、ソ連との戦いが膠着すると、強制収容所の労働力は大企業を中心に私企業にも提供される。工場が強制収容所に併設され労働も厳しくなっていく。ただし、強制収容所の労働管理は、つねにオズヴァルト・ポール親衛隊大将を長とする親衛隊経済管理本部が握っていた。

一九四二年三月三日、ポールは「労働力の搾取は、労働が最も高い生産性に達するよう、可能性の限界まで推し進められなければならない」と、のちに「ポール指令」と呼ばれる命

基幹強制収容所（設置場所については186～187ページ参照）

	設置期間	収容者総数	死者総数
ダハウ	1933. 3～45. 4	250,000	70,000
ザクセンハウゼン	1936. 7～45. 4	204,537	100,167
ブーヘンヴァルト	1937. 7～45. 4	233,880	56,545
フロッセンビュルク	1938. 5～45. 4	10万以上？	73,296
マウトハウゼン	1938. 8～45. 5	320,000	122,767
ラーヴェンスブリュック	1939. 5～45. 4	123,000	6万～7万
ノイエンガンメ	1940. 6～45. 5	106,000	55,000
グロス＝ローゼン	1940. 8～45. 2	200,000	4万以上
ナッツヴァイラー＝シュトゥルットホーフ	1941. 5～44. 9	30,000	11,000
テレージエンシュタット	1941. 11～45. 5	141,000	33,000
シュトゥットホーフ	1942. 9～45. 5	120,000	85,000
ベルゲン＝ベルゼン	1943. 4～45. 4	300,000	17万以上
ドーラ・ミッテルバウ	1943. 9～45. 4	32,534	1.5万以上

註：(1)強制収容所を統括した親衛隊経済管理本部長O・ポールは，ニュルンベルク継続裁判の被告として，テレージエンシュタットを除く上記12の収容所とアウシュヴィッツ，マイダネクを「強制収容所」として挙げた．少なくとも数千人規模の収容者がいた施設である．現在の研究では，絶滅収容所を兼ねた複合収容所であることが明らかとなっているアウシュヴィッツ，マイダネクは除外し，テレージエンシュタットは同等の規模なのでここでは入れている．同収容所はポールの管轄外であり，絶滅収容所への「通過収容所」として扱われており，ポールは挙げなかったと思われる．(2)収容者・死者総数には支所での人数は含んでいない
出典：Marcel Ruby, *Le Livre de la Déportation*, Paris 1995. などを基に筆者作成

令を出している。九月一四日にはゲッベルスが法務大臣に次のような提言をしている。

「労働を通じての抹殺こそは、最も優れた、最も生産的な方法である」「ユダヤ人、ベーメン人（チェコ人）、ポーランド人で死刑判決を受けた者、終身刑に処せられた者、保護検束中の者はすべて抹殺されなければならない。ただし、生産的な仕方で、労働を通じてである」

このように、強制収容所の強制労働は総力戦体制の労働システムに組み込まれ、労働と抹殺が密接に関係づけられていた。

強制労働に従事する女性たち　ラーヴェンスブリュック強制収容所

一九四三年二月、スターリングラードでソ連軍に敗北後、ドイツの軍需生産の増産が喫緊の課題になってくる。前年に兵器・弾薬相（一九四三年から軍備・戦時生産相）に就任し、軍需生産と工業生産についてのすべての権限を委ねられたアルベルト・シュペーア（一九〇五〜八一）は、総力戦配置全権に就任するゲッベルスの要請も受け、大規模な増産計画を推進する。結果的には、一九四二年の基準値を一〇〇とした場合、軍需総生産指数が三二二（四四年七月）、戦車生産指数は五八九（同年八月）、戦闘機生産指数は一〇〇〇（同年九月）を超える驚異的な増産を短期間で成功させる。

のちに「軍備の奇跡」といわれたこの成功の背景には、ヒムラーと交渉を重ねたシュペーアが、強制連行した外国人と強制収容所の労働力を本格的に軍備生産に投入したからであった。そのため労働は時間、条件ともさらに厳しさを増す。

たとえば、マウトハウゼン強制収容所の支所エーベンゼーでは、一九四三年一一月から四五年五月までに一万名以上の死者を出したが、配給の食料は一日パン一五〇グラム、スープ四分の三リットルにすぎなかった。また、ドーラ・ミッテルバウ強制収容所では、イギリスを空爆するVⅠ、VⅡロケットの製造が行われたが、連合国からの空爆を避けるため、地下での苛酷な労働がつねに強いられていた。

一九四二年に四〇〇万名だった外国人労働者は、四四年末には八四〇万名を超え、七〇万名が強制収容所の収容者だった。この時期には、ソ連侵攻時の一〇倍の人数が強制収容所内におり、その大部分が強制連行されてきたソ連やポーランドの労働者だった。以後、強制収容所は、それまでにない膨大な犠牲を生み出すことになる。

基幹収容所も膨張し、支所が基幹収容所に昇格し、敗戦時には五二、支所も一二〇二を数えるまでになっていた。支所の大部分は「労働収容所」であり、外国から連行され強制労働に従事する人びとが収容されていた。

ドイツ本国にあった基幹強制収容所は、ダハウでの二三ヵ国のようにさまざまな国籍所有者がいたが、ドイツの敗戦間近なときに最も多かったのはソ連やポーランドから強制連行されてきた労働者であり、彼らが大半を占めるようになっていた。

ユダヤ人のガス殺

強制収容所内には、もともと犯罪を犯した囚人が収容者を統括することも多く、その扱いは苛酷を極めた。だがユダヤ人の扱いはさらに厳しく、労働力需要や経済論理を考慮しない指示が繰り返し出された。

一九四一年一〇月からドイツ国内のユダヤ人は出国を禁止され、強制収容所に入れられることが多くなる。「労働可能」な者や技術を身に付けていた者は、収容所が強制した労働に従事させられたが、「労働不能」の烙印《らくいん》を捺《お》されると、強制収容所内での虐待・銃殺によって「処刑」された。

親衛隊は、劣等民族として扱ったスラヴ人を使役する際にも残虐性を発揮したが、遅くとも一九四三年には合理的な経済原則にもとづき、大半のスラヴ人をはじめとする外国人労働者を組織的に活用していた。だが、ユダヤ人労働者に対しては、日常的に殴打・絞首・銃殺などが行われ残忍を極めた。日曜日の食事が朝のラード二〇グラムといったところまであった（フロッセンビュルク強制収容所の一支所）。

また、実験的ではあるが、六つの強制収容所——ザクセンハウゼン、マウトハウゼン、ラーヴェンスブリュック、ノイエンガンメ、シュトゥットホーフ、ナッツヴァイラー＝シュトゥルットホーフでガス殺が行われた（ダハウにもガス室が設けられたが使用されなかった）。ナッツヴァイラー＝シュトゥルットホーフで毒ガスの一つホスゲンが用いられた以外は、すべてツィクロンB《ベー》（チクロンB《ビー》）による殺害だった。

　マウトハウゼン強制収容所では、一九四二年三月から四五年五月までに一六〇〇名を超える人びとがガス殺された。一部ではソ連やポーランドの労働者、ソ連軍捕虜なども犠牲になったものの、主たる対象者はユダヤ人であった。

　ほとんどの強制収容所で、飢餓・虐待・病などによって数万名単位の死者が出ている。そのなかには一九四五年に入り、ソ連軍の侵攻から逃れるためポーランド内の強制・絶滅収容所などから、ドイツ国内の基幹強制収容所への移動を強制され、「死の行進」を余儀なくされた多くのユダヤ人も含まれている。

　この「死の行進」には後で触れるとして、ナチスによるユダヤ人問題の「最終解決」の結論、つまりは絶滅政策について、具体的にみていこう。

2　ラインハルト作戦とマイダネク絶滅収容所

「安楽死」作戦との結合

前章で述べたように、絶滅収容所——ガスによるユダヤ人大量殺戮を目的とした施設は、ガス・トラックを用いたヘウムノ絶滅収容所からはじまった。さらに、移動式ではなく恒久的な絶滅収容所の建設は、一九四一年一〇月から、ラインハルト作戦としてはじまる。この作戦の立案経緯は、前章ですでに述べたが、具体的には、ポーランド総督領ルブリン地区親衛隊・警察指導者オディロ・グロボチュニク親衛隊中将をトップに、ベウジェツ、ソビブル、トレブリンカという三つの絶滅収容所建設とそこでのユダヤ人大量殺戮であった。それは、ゲットーに抱えた多くのユダヤ人の「処理」に行き詰まったゆえの対応でもあった。

この三つの絶滅収容所でのガス殺は、一九四一年八月まで行われていた障害者をガス殺した「安楽死」作戦（T4作戦）と密接に関係していた。

一九四一年九月、グロボチュニクは、総統官房長フィリップ・ブーラー、医師カール・ブラント博士とルブリンで会談を行っている。第Ⅱ章で述べたように、二人はヒトラーから

「安楽死」作戦を委任され、実施した中心人物である。つまり、ガス殺についての意見交換が行われたのだ。

そして、ラインハルト作戦では、もう一人、鍵となる人物がいた。クリスティアン・ヴィルト（一八八五〜一九四四）である。

ヴィルトは、一九三九年末からグラーフェネックの精神障害者施設にいた。ここは一酸化炭素ガスによって「安楽死」作戦が初めて実施されたところである。ヴィルトはまた、同時期にブランデンブルクの精神障害者施設で不治とされた障害者の殺害実験を行っていた。このときには、ブーラーと総統官房第二局長ヴィクトア・ブラックが検視のため立ち会い、ブーラーがガス室をシャワー室に偽装するアイデアを出している。

クリスティアン・ヴィルト

一九四〇年半ば以降、ヴィルトは監察官として、大ドイツ国家領域（ドイツ、オーストリア、ベーメン・メーレン保護領）で「安楽死」作戦を行っている施設を巡回する。一二月には監察管としてヘウムノ絶滅収容所でのユダヤ人大量虐殺をグロボチュニクから委任されている。そして一九四二年三月からベウジェツ絶滅収容所の司令官（強制収容所同様に「司令官」は「所長」と同意）になる。

ヴィルトは、ヘウムノ絶滅収容所とラインハルト作戦の三つの絶滅収容所で、二〇〇万名を超すユダヤ人大量殺戮に関与する。以後、ヴィルトは「ワイルドなクリスティアン」という異名を持つことになる。

ベウジェツ絶滅収容所

ベウジェツはルブリン地区南東に位置する小さな町で、ルブリン－ザモシチ－ラヴァ・ルスカ－リボフ（ルヴフ）鉄道線上にある（一八六ページ地図参照）。ドイツによってポーランド総督領下になった一九四〇年初めには、ユダヤ人用の労働収容所が設けられ、ルブリン地区の何千というユダヤ人が、ソ連と直接対峙する国境線沿いの要塞建設のため奴隷的労働力として駆り出されていた。

ちなみにポーランド内の労働収容所は、ナチ・ドイツの占領後ゲットー建設と並行して、一九四〇年末までに五〇以上設置され、特に軍需に応じるためユダヤ人を強制労働させる場となっていた。

一九四〇年八月、グロボチュニクは、ルブリンはじめワルシャワやラドムから一万名のユダヤ人を集めていた。この労働収容所は秋には閉鎖されたが、翌一九四一年八月、ソ連侵攻で新たに獲得した旧ポーランド領の一部（東ガリツィア）が総督領に併合され、さらに総督領は五〇〇万名のユダヤ人を抱えることになる。ベウジェッツは総督領のなかでもユダヤ人の多い地区の中心になっていた。

一九四一年一〇月一三日、第Ⅴ章で述べたように、ヒムラーはグロボチュニクとクリューガー（総督領全域に権限を持つ親衛隊・警察高権指導者）と協議し、グロボチュニクにベウジェッツでの絶滅収容所建設が委任される。

一一月一日からベウジェッツ絶滅収容所の建設が、ルブリン地区の親衛隊中央建設行政部によって開始された。建設を直接指揮したのは、「安楽死」作戦の経験があるヨーゼフ・オーバーハウザー親衛隊軍曹である。

絶滅収容所は鉄道駅から五〇〇メートルほど離れた地が選ばれた。近くにはソ連対策で作られた要塞用の対戦車壕《ごう》があり、絶滅収容所開設後、遺体を入れる穴として使われた。実は、この戦車壕の存在がベウジェッツをラインハルト作戦の候補地に選ばせることになった。一二月後半にはヴィルトが司令官に任じられる。副官はオーバーハウザーであった。

ヴィルトはヘウムノ絶滅収容所でのガス・トラックのプラス面とマイナス面を熟知したうえで、ベウジェッツに一酸化炭素を用いるガス室を導入した。

ベウジェッツ絶滅収容所そのものの建設は、およそ四ヵ月間かけて一九四二年二月末に完成した。ガス室は三室備わり、固定されたガス室を持った最初の絶滅収容所である。一室で一五〇〇名の殺害が可能だった。

親衛隊経済管理本部査察官ヘルマン・ヘーフレ(一九一一〜六二)の報告によれば、三月に開設されると、同月一五日〜三一日に総督領(特にルブリン地区、東ガリツィア地区)の五万八〇〇〇名のユダヤ人がここでガス殺された。その後も、ドイツ本国、スロヴァキアから一〇〇〇名規模の移送が続き、一日四〜五回、したがって一日平均四〇〇〇〜五〇〇〇名のユダヤ人が殺害される。ガス室は七月には一〇室に増え、さらに大量殺戮が展開された。試算にすぎないが、遅くとも二年間でポーランド・ユダヤ人を抹殺することを想定していたらしい。

司令官ヴィルトは、殺害がスムーズに進むように効果的な方法を考えていた。第一に、ユダヤ人が収容所に到着したとき、殺害のために連れてきたことを悟らせないため、労働収容所あるいは通過収容所と思いこませ、そのまま「シャワー室」に偽装したガス室に入れた。第二に、スピードを重視し、到着と同時にユダヤ人を走らせ、周囲を見る余裕や思考時間を与えないようにした。

こうした効率化は、ユダヤ人の移送量を増加させ、殺害の人数を増やすことにつながった。狡猾《こうかつ》なヴィルトは、体力のある若いユダヤ人はすぐには殺害せず、遺体や荷物の片づけなど、重労働に従事させた。もちろん、彼らも結局は新しい要員と代えられる運命であった。

後述するソビブル絶滅収容所司令官フランツ・シュタングル親衛隊大尉は、ベウジェツ絶滅収容所を訪ねたときの体験を次のように語っている。

ベウジェッ駅に出た（中略）何とひどい臭《にお》いか！　死臭がいたるところに充満している。ヴィルトは事務所におらず、スタッフが私を彼のいるところへ案内してくれた。彼は穴の縁の高所に立っていた。いくつもの穴があり（中略）一杯だった（中略）数百ではない、数千人規模の死体がそこにあった。

ベウジェッ絶滅収容所でのユダヤ人を殺戮した人数は、一九四二年三月の開設から、同年一二月のガス殺停止まで、ホロコースト研究者レニ・ヤヒルによれば約六〇万名にのぼったという。その多くは、ポーランド総督領ルブリン地区や東ガリツィア地区のユダヤ人だった。ベウジェッ絶滅収容所はガス殺停止後、穴のなかに埋められていた遺体を焼却するため一九四三年三月まで存続する。

ソビブル絶滅収容所

ベウジェッに続き、恒久的なガス室を備えた第二の絶滅収容所はソビブルに作られた。ソビブルはウウォダヴァの南八キロにある小村で、ヘウム－ヴウォダヴァ線に同名の駅がある。

ポーランド総督領とウクライナ全権区の境をなすブク河の西五キロの距離にあって、周囲一帯は湿地や松の森で構成され、人口まばらであった（一八六ページ地図参照）。

絶滅収容所が建設される以前に労働収容所があったベウジェツとは違い、ソビブルには何もなく、文字通りただ大量殺戮を行うためだけに作られた最初の絶滅収容所であった。

ソビブル絶滅収容所は、一九四二年三月、リヒャルト・トマーラ親衛隊大尉指揮のもと建設がはじまったが、スケジュールが大幅に遅れたため、四月初めからはこの絶滅収容所司令官であるフランツ・シュタングル親衛隊大尉（一九〇八〜七一）が直接指揮を執り、最終的には一九四二年五月から始動する。元オーストリアの警察官だったシュタングルは、「安楽死」作戦に関わったのち司令官としてソビブルにやってきていた。その期間は三ヵ月である。

戦後、シュタングルはブラジルに逃亡・潜伏するが、一九六七年にドイツ連邦共和国（西ドイツ）へ引き渡されて、七〇年一〇月に裁判で終身刑に処せられた（死刑を廃止している西ドイツでは最高刑）。だが、一九七一年五月、拘留中に死亡する。シュタングルは、この間イギリス人ジャーナリストのギッタ・セレーニーのヒヤリングに応じ、詳細で重要な事実をイ

フランツ・シュタングル

ンタヴュー記録『人間の暗闇』として残している。

さて、詳しくソビブル絶滅収容所の構造をみると、構内は四つの区画に分けられている。その一つは親衛隊員とウクライナ兵（武装親衛隊が各国の志願兵から他民族部隊を構成していく過程で補助兵力として編入していた）の生活空間。他の三つは収容所である。

第一収容所には構内で労役を強制されたユダヤ人が約一〇〇〇名いた。第二収容所は列車で到着したユダヤ人たちの受け入れスペース。そして、第三収容所が「シャワー室」に偽装されたガス室である。当初は三室備わり、一室のガス室で約二〇〇名の殺害が可能であった。一九四二年一〇月には合計六室となり、一日約一三〇〇名の殺害ができるようになった。彼らを一酸化炭素ガスによって二〇〜三〇分で絶命させるようになっていた。

またソビブル絶滅収容所でも、ベウジェツ絶滅収容所同様に巨大な穴が掘られ、そこに殺害されたユダヤ人が遺棄された。長さ五〇〜六〇メートル、幅一〇〜一五メートル、深さ五〜七メートルの長方形の巨大な穴であった。

第一陣としてソビブル絶滅収容所に連れてこられたユダヤ人で、奇跡的に生き残ったドフ・フライベルクは、到着したときの印象を次のように語っている。

収容所の外観は、周囲やバラックを囲む有刺鉄線を除けば、普通の農場に見えました。

実際、ソビブル絶滅収容所は美しい緑の森の真んなかにあり、さまざまな付属の建物からなる農場です。第一、第二収容所は急いで建設されたように見え、まだ設備がほとんど整っていないようでした。第三収容所はそれが存在することさえまだ知りませんでしたが、その区域は広大でした。

一九四三年一〇月一四日、収容所内でソ連軍捕虜とユダヤ人が中心となり武装蜂起する。その日のうちに鎮圧されたが、数十名は地雷原を越えて森に脱出し、戦後まで生き延びた人もいる。その直後、ソビブル絶滅収容所は閉鎖・解体が決定された。

ガス室が稼働していた一九四二年五月から四三年一〇月までの一年半のあいだに、ソビブル絶滅収容所では、レニ・ヤヒルによれば約二五万名が殺害されたとしている。犠牲者の多くは、ポーランド、ドイツ占領地域のソ連のユダヤ人であり、他にもスロヴァキア、ベーメン・メーレン保護領、オーストリア、フランス、オランダ出身のユダヤ人がいた。

トレブリンカ絶滅収容所

ラインハルト作戦最後の絶滅収容所は、ワルシャワから北東一二〇キロほどのところにあるトレブリンカに作られた。ベウジェツやソビブルがルブリン地区であったのに対しトレブリンカはワルシャワ地区にある（一八六ページ地図参照）。

トレブリンカ駅は、ワルシャワ北東部の都市ビヤウィストクに向かう鉄道線の途中駅マウキニアからの支線（現在は廃線）に入りワルシャワから列車で約二時間の距離にあった。トレブリンカ絶滅収容所自体は、ブク河沿いの森林地帯の一角に位置した。トレブリンカもまたソビブル絶滅収容所同様に、それ以前は何もない土地であり、絶滅収容所のためだけに作られていた。

一九四二年七月二三日、トレブリンカ絶滅収容所は始動した。その前日にはヨーロッパ最大のゲットーであるワルシャワ・ゲットーからトレブリンカ絶滅収容所への強制移送が大々的にはじまっていた。九月末までにワルシャワ・ゲットー住民男性の87・4％、住民女性の92・6％がガス殺される。

初代司令官はイルムフリート・エーベルル。彼もまた「安楽死」作戦に関わった人物である。だが九月にはソビブル絶滅収容所司令官だったフランツ・シュタングル親衛隊大尉に代わる。

シュタングルによれば、異動はグロボチュニクの命令であった。グロボチュニクは次のようにいったという。トレブリンカでは遺体が散乱したままであり、ユダヤ人から奪ったはずの貴重品・金品も送られて来ない。秩序を取り戻せ、と。

エーベルルのもとでも一〇万名のユダヤ人が殺害されたが、収容能力以上の人数を引き受け「処理」ができず、腐臭が充満していた。シュタングルが司令官に就任後、ようやくトレブリンカ絶滅収容所は安定した大量殺戮を行うようになる。当初、三室であったガス室は、一九四二年一〇月半ばには一六室（一室四〇〇名弱の殺害が可能だった）となり、大量殺戮が持続的に行われるようになる。

トレブリンカでユダヤ人特別労務班員《ゾンダーコマンド》（ユダヤ人同胞の遺体処理を行った）として生き延びたエリアウ・ローゼンベルクは、トレブリンカのガス室のシーンを次のように語っている。

> 犠牲者たちは、第一収容所から第二収容所に抜ける通路、悪名高い通称「天国への道」を通っていきました。「天国への道」には親衛隊員らが犬とともに鞭と銃剣を手にしていましたが、人びとは落ち着いていました。一九四二年夏はそうでした。どこにいくか知らなかったからです。
>
> ガス室の入口にはウクライナ兵が二人立っていました（一人はイワン、もう一人はニコライといいました）。最後の犠牲者がガス室に入る瞬間、背後から銃剣で刺されました。この犠牲者はこれから何がなされるか理解し、入ろうとしなかったからです。四〇〇人が狭い部屋に押し込まれ外側からはなかなか閉じられないほどでした。扉が

閉じられた後、私たちはドアの向かい側で、「イスラエルの声を聴け！」「パパ、ママ！」という絶叫を聞きました。三五分後には犠牲者たちは死んでいました。二人のドイツ兵がなかの様子に聞き耳をたてていましたが、「全部眠ったぞ」といって、われわれに扉を開き遺体を搬出するよう命じました。（一九六一年アイヒマン裁判での証言）

トレブリンカ絶滅収容所もベウジェツやソビブル同様、表向きは「通過収容所」と称していた。だが、支線の終着駅であり、「通過」ということはありえなかった。

トレブリンカ絶滅収容所には、ポーランド中部やビヤウィストクとその周辺はもちろん、大ドイツ国家領域、さらにはギリシアからも多くのユダヤ人が強制移送されてきた。列車の数は総計七八〇〇本。彼らは長旅が終わるとすぐに、「シャワー室」に偽装されたガス室に送り込まれていった。

トレブリンカ絶滅収容所では、一九四三年八月二日に収容されていたユダヤ人が武装蜂起する。結局鎮圧されたが、収容所はその後、閉鎖・解体されることになる。

開設された一九四二年七月から閉鎖される四三年一一月までのあいだ、殺害された人数については、さまざまな研究がある。それぞれ七〇万名（国立ポーランド調査委員会の推計。そのうちワルシャワ・ゲットーから送られてきた犠牲者が三〇万名）、八七万四〇〇〇名（歴史家イ

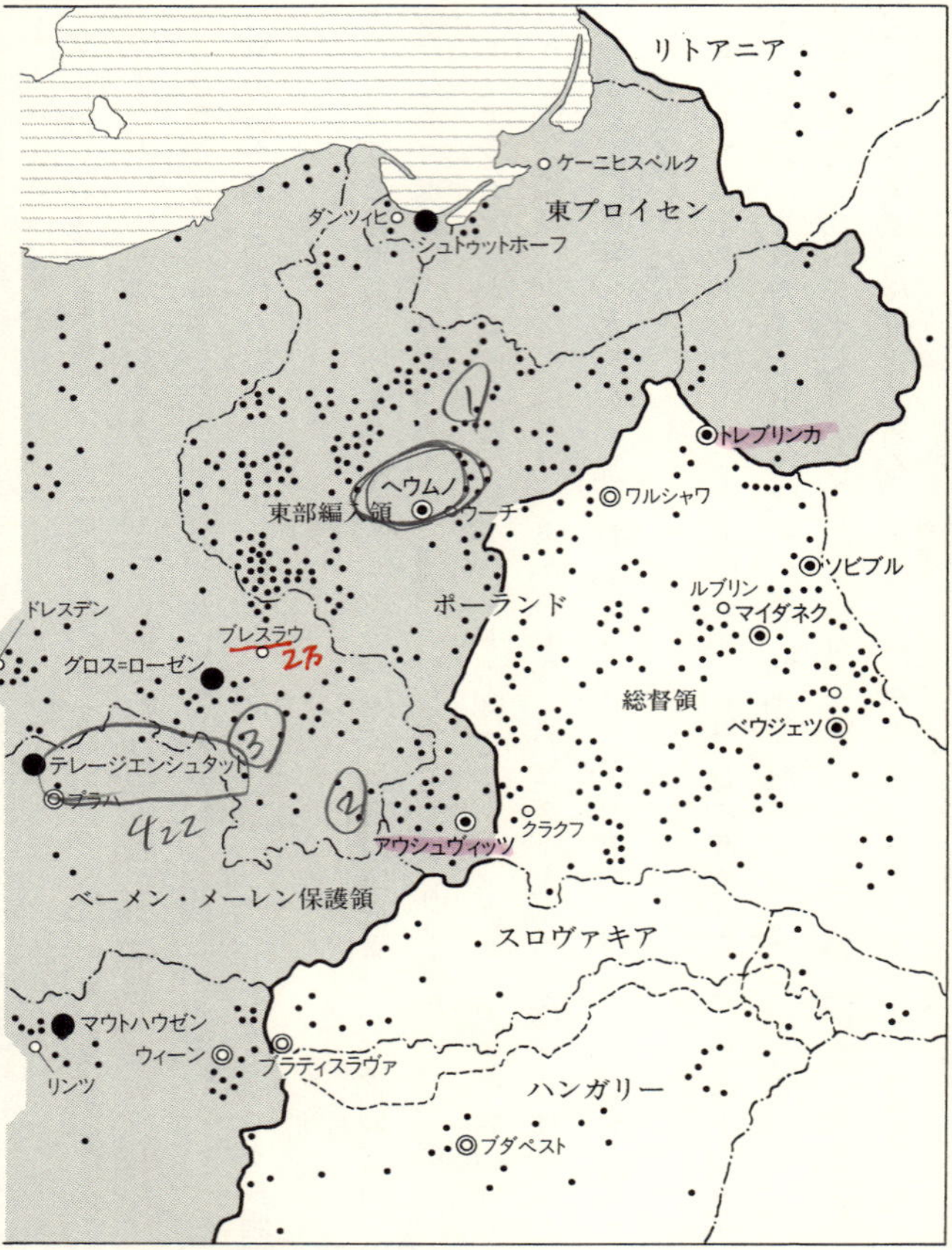

1986, S.690. などを参照し，筆者作製

ナチ・ドイツの絶滅収容所，強制収容所配置図

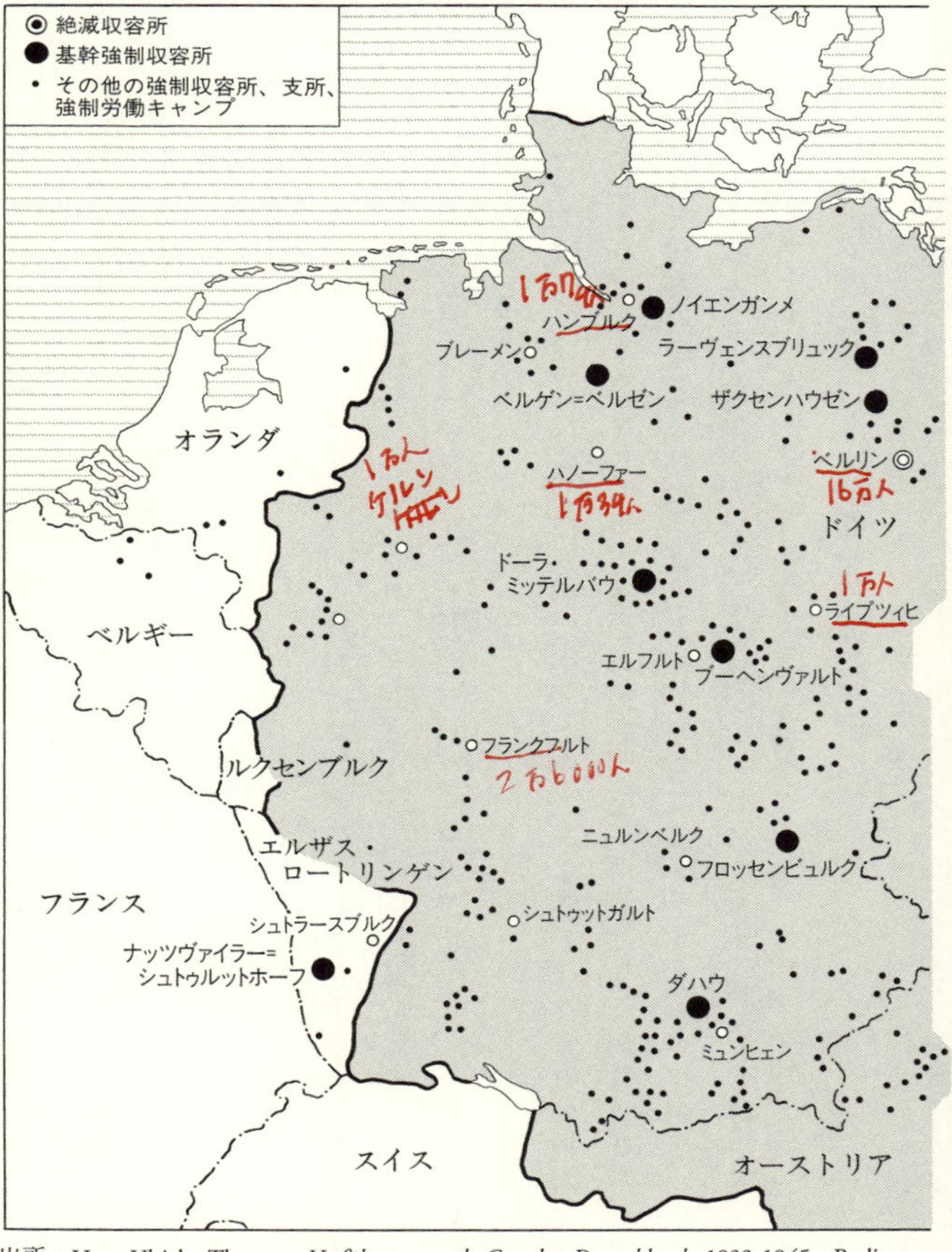

出所：Hans-Ulrich Thamer, *Verführung und Gewalt, Deutschland 1933-1945*, Berlin

ツハク・アラド)、約九〇万名(ベルリン工科大学教授反ユダヤ主義研究センター所長ヴォルフガング・ベンツ)である。いずれにせよ、七〇万〜九〇万名のユダヤ人が大量殺戮され、トレブリンカ絶滅収容所は、ラインハルト作戦のなかで最も多くのユダヤ人を殺害した絶滅収容所として歴史に刻まれることになった。

ラインハルト作戦とは

いままでみてきたように、ラインハルト作戦はグロボチュニクを頂点に一九四一年一一月ベウジェッツ絶滅収容所の建設からはじまり、翌四二年三月に同絶滅収容所の始動によって具体的に動き出した。五月にはソビブル、七月にトレブリンカが始動し、三つの絶滅収容所がユダヤ人を大量殺戮していく。

この最大の目的は、先述したように処遇に困ったゲットー内のユダヤ人の殺害であった。独ソ戦の行き詰まりは、ユダヤ人の東方への「追放」を不可能にしたからである。実際、ラインハルト作戦で殺害対象とされたユダヤ人は、のちにはフランス、ベルギー、オランダなどの在住者にまで拡大されたが、大半はポーランド(特に総督領ルブリン地区、ワルシャワ地区)に点在したゲットーに入れられていた人びとである。グロボチュニクは、ベウジェッツ絶滅収容所の始動と同時にゲットー解体を指揮している。

この三つの絶滅収容所は、作戦の一貫性から、クリスティアン・ヴィルトが事実上管理し、司令官・監察官として巡回していた。ヴィルトはユダヤ人のガス殺の決定だけでなく、衣服・通貨・宝飾品その他の財産の略奪も組織化していた。グロボチュニクの副官だったヘルマン・ヘーフレ親衛隊少佐は、ゲットー解体がはじまった一九四二年三月から、各地域の親衛隊、警察指導者と調整しながら三つの絶滅収容所への強制移送を担当していた。

また、三つの絶滅収容所のスタッフは、ドイツ人中心だったが、先述したようにウクライナ人などの補助スタッフもいた。そのほとんどがトラブニキ訓練センターで教育を受けている。三つの絶滅収容所は全スタッフ約四八〇名で運営され、連関していたといえよう。

ラインハルト作戦は、東部からのソ連軍の「解放」以前に終了したが、そのきっかけは、一九四三年八月にグロボチュニクがルブリン地区の親衛隊・警察指導者の職を解かれたからである。グロボチュニクはイタリアの降伏にともない、バルカン半島のイストリア親衛隊・警察高権指導者として異動を指示される。実質的に「栄転」だった。

結局、ヒトラーができるだけ作戦の速やかな終了を望んでいることを伝え聞き、忖度《そんたく》したグロボチュニクが決断し、ヒムラーが認証した。ただし、ヒトラーはラインハルト作戦を指示したわけではない。ヒムラーの報告を聞いただけ、というのが事実のようだ。

三つの絶滅収容所の閉鎖・解体は、痕跡を残さないための労働力として収容していたユダヤ人によって行われ、最後は親衛隊が彼らを射殺して終わった。

ラインハルト作戦の終了は、同時期の八月にトレブリンカ絶滅収容所、一〇月にソビブル絶滅収容所で武装蜂起があったことも、もちろん関係していた。また、総督フランク、親衛隊・警察高権指導者クリューガー、そしてグロボチュニク、三者間の権力闘争や、全強制収容所を統括している親衛隊経済管理本部長官ポールがグロボチュニクの台頭を不快に思っていたこともあった。こうしたなか、大量殺戮はアウシュヴィッツに任せようという雰囲気が醸成されていくのである。

日本で絶滅収容所を取り上げる場合、アウシュヴィッツだけというケースが圧倒的に多く、その知名度は高い。もっとも、ラインハルト作戦のベウジェツ・ソビブル・トレブリンカという三収容所の犠牲者の総計は、ヴォルフガング・ベンツ教授によれば一七五万名で、後述するアウシュヴィッツのそれをはるかに上回る。したがって、ラインハルト作戦をホロコースト犯罪の核心部分とみなし、重大視する傾向が最近強まってきている。だが、ラインハルト作戦でのユダヤ人大量殺戮は、従来あまり知られてこなかったというのが実情である。

それにはいくつか理由がある。一つには三つの絶滅収容所の閉鎖・解体が、遅くとも一九四三年一一月という戦争の最中であり、痕跡が消され、生存したユダヤ人が少なかったことである。ベウジェツは三名、ソビブルは四七名、トレブリンカは二〇名未満だったとされる。

また、三つの絶滅収容所に関係した親衛隊も、ラインハルト作戦終了後、イタリア戦線に遠征し、特にアドリア海に面した地域の対パルチザン戦などで戦死した者が少なくなかった。実際、ヴィルトは一九四四年五月トリエステからリイェカへ向かう途中パルチザンの襲撃を受け死んでいる。

ラインハルト作戦の中心人物であるグロボチュニクは、ドイツ敗戦後の一九四五年五月末、イギリス軍による身柄拘束後、青酸カリで自殺している。彼の副官であったヘーフレもまた同時期にイギリス軍に身柄を拘束された後に釈放されたが、一九六二年ウィーンで再逮捕され、獄中で自殺している。ヘーフレは釈放された後、西側の情報組織ゲーレン機関で活動しており、証言を残すこともできたはずだった。いずれにせよ、ラインハルト作戦は戦後長らく、解明が進まなかったのである。

先述したインタヴューのみで構成された一九八五年のドキュメンタリー映画『SHOAH　ショア』によって、ほんの少しではあるがラインハルト作戦が明らかになった。『SHOAH　ショア』では、たとえばトレブリンカ絶滅収容所から脱出に成功したリヒャルト・グラツァールが犠牲者の最期について明らかにし、また同絶滅収容所で任務に就いていたフランツ・ズーホメル親衛隊伍長が収容所の死臭と遺体処理の凄まじさ、犠牲者を列車から引きずり降ろし鞭を打ちながら追い立てる様子などについて証言している（ズーホメルの証言映像は隠し撮りだったため、その方法をめぐり、のちに論争となった）。これを契機にいくつか研究も発表され、少しずつではあるがラインハルト作戦についての認識が広まってきている。

マイダネク絶滅収容所

ラインハルト作戦の三つの絶滅収容所に続く四番目の恒久的施設として位置付けられるのが、マイダネク絶滅収容所（正式名称は「ルブリン強制収容所」）である。

マイダネクはルブリン中心部から南東に四キロと近く、ラインハルト作戦の三つの収容所と異なり、隠蔽された施設ではなく広大な敷地のなかにあった。もともと、巨大な強制収容所と捕虜収容所の複合施設であり、その機能を引き継ぎながら絶滅収容所としても活用されたからだ。

この地には、一九四一年初めから少数のポーランド人技師と作業員などによって収容所の建設が行われていた。だが、七月二〇日にルブリンを訪問したヒムラーは、グロボチュニクに対してマイダネクの地に強制収容所と捕虜収容所を併設した複合収容所の建設を命じる。これによって、マイダネクは巨大な施設として構想されていく。同席していたベルリン中央の親衛隊経済管理本部長官ポールもまた、建設促進を指示されている。

独ソ戦の進行にともない、ソ連軍捕虜の収容が続々と行われると同時に、チェコ人・ポーランド人政治犯、ドイツからも収監されていた囚人が送られてきている。結局収容所は、八月末になりようやく一部が完成する。

マイダネク絶滅収容所

秋になると、ルブリン・ゲットーからのユダヤ人が数千人単位で二度にわたって送られてくる。一二月にはルブリン要塞監獄からも七〇〇名のポーランド人政治犯、税を滞納したポーランド人農民四〇〇名が連行されてきた。一方で、年末までに五〇〇〇名のソ連軍捕虜が飢餓・虐待・寒さのために死亡している。

一九四二年四月になると、ユダヤ人と政治犯を含む一万二〇〇〇名がスロヴァキアから、五月には大ドイツ国家領域から囚人が送られてきた。この段階で一四四のバラックに四万五〇〇〇名が収容され、ベルリン中央でも基幹強制収容所と位置付ける、巨大な複合収容所となっていた。

さらに、オランダ、ベルギー、フランス、ギリシアから、そしてポーランドからもユダヤ人の強制移送が行われる。一九四二～四三年のあいだに総計一三万人が収容された。給養・衛生状態など生活環境が破局的に酷く、赤痢で死亡する人が非常に多く出てきた。

その最中、ポーランドの抵抗運動組織によると一九四二年一〇月半ばから、グロボチュニクの命令によって、ラインハルト作戦と並行してガス殺がはじまった。ここにマイダネクは強制収容所、捕虜収容所としてだけでなく、絶滅収容所としても機能するようになったのだ。

ユダヤ人殺害の方法は、七つのガス室、ガス・トラックによるガス殺、そして射殺と多様であった。ガスは、ラインハルト作戦の一酸化炭素ガスだけでなく、ツィクロンB《ベー》も用いられた。ガス殺の期間はほぼ一年で、ラインハルト作戦と並行している。

マイダネク絶滅収容所の司令官は、一九四一年九月に就任した初代のカール・コッホから、四四年七月の閉鎖・解体時におけるアルトゥア・リーベンシェルまで、三年間に五人が就き、入れ替わりが激しかった。このように多様で変化が激しいのがマイダネクの特徴ともいえる。そこから浮かび上がってくるのは、ソ連戦線に近かったマイダネク絶滅収容所の不安定で暫定的・実験的性格である。

ガス殺は一九四三年秋には停止されたが、一方で銃殺は継続された。マイダネクの親衛隊員は特にサディスティックで、乳児や子どもたちを母親の目の前で殺害することを頻繁にやってのけたという。

一九四三年一一月三日には、一万七〇〇〇名ものユダヤ人が機関銃で虐殺された。彼らは軍需生産のため特に重要な労働力として確保されたはずだった。この大量殺戮を行った理由は、現在でも判然としていない。同時期にソビブルやトレブリンカ絶滅収容所でユダヤ人の大規模な武装蜂起があり、親衛隊がこの虐殺を「収穫感謝祭」と呼んだことから、その報復だったとも考えられている。

結局、マイダネク絶滅収容所は、一九四四年七月にソ連軍の侵攻が近くなり、閉鎖・解体される。ただし、ラインハルト作戦の収容所と違い、ソ連軍はほぼ痕跡を残したマイダネク絶滅収容所を確保し、多くの資料を得ることになった。

ポーランドの公式の記録によれば、マイダネク絶滅収容所では、累計で五〇万名が収容され、総計二〇万名が殺害されたとしている。そのうちユダヤ人犠牲者は一二万五〇〇〇名であった。全犠牲者の死因の六割は飢餓、病気、拷問、衰弱、あとの四割がガス殺や銃殺などであった。

6つの絶滅収容所

	起動期間	死者総数
ヘウムノ	1941年12月～43年3月（第1期） 1944年4月～45年1月（第2期）	14万5301人 7176人
ベウジェツ	1942年3月～42年12月	60万人
ソビブル	1942年5月～43年10月	25万人
トレブリンカ	1942年7月～43年11月	70万～90万人
マイダネク	1942年10月～44年7月	12万5000人
アウシュヴィッツ	1942年3月～44年11月	110万人

註：死者総数はユダヤ人の殺害数の推定．ただしアウシュヴィッツは，数万名の各国政治犯を含む．ヘウムノについては両期合わせて34万名という説もある

ヘウムノ絶滅収容所の再起動

独ソ戦が進行し、ドイツの形勢が悪くなるなか、ヘウムノ絶滅収容所の再起動が企画されていた。ヒムラーとヴァルテガウ指導者グライザーとのあいだで、一九四四年二月ウーチ・ゲットーのユダヤ人の「処理」について協議が行われたのだ。ウーチ・ゲットーは、すでに労働収容所化し、第V章で述べたように「労働不能」の烙印を捺されたユダヤ人はヘウムノ絶滅収容所でガス殺され、残ったユダヤ人によって衣料関係を中心に生産が続けられていた。

ヒムラーとグライザーの協議の結果、軍需経済に特別に必要な人員以外を削減し、ゲットーの廃止が検討された。そして、「削減」についてはハンス・ボートマン親衛隊大尉傘下特別行動隊《ゾンダーコマンド》によって、再びヘウムノ絶滅収容所を起動させ実施することになった。

一九四四年四月、ボートマンと特別行動隊はヘウムノの

地に着任し、大量殺戮の準備が再びはじまった。ウーチから移送されてきたユダヤ人は、ヘウムノの教会に入れられ、そこからガス・トラックに入れられガス殺されることになった。かつて遺体を投げ入れていた「森の収容所」跡には、二つのバラックと焼却炉が築造された。

残された史料からは、ウーチからヘウムノへの移送者は一九四四年六月二三日～七月一四日のあいだに七一七六名にのぼったことが判明している。

八月以降、ウーチからはアウシュヴィッツ絶滅収容所に移送されるようになるが、第V章で触れた第一期、そしてこの第二期の前記期間だけに限っても、一五万名以上がヘウムノで殺害されたことが明らかになっている。

ソ連軍の進軍が近くなった一九四五年一月一七日、一八日のともに夜、特別行動隊が労務班員として使役されていたユダヤ人を殺害し、ヘウムノ絶滅収容所は終わりを迎える。終戦直後のポーランドの公式の調査では、ヘウムノ絶滅収容所で殺害された犠牲者の数は総計三四万名にのぼった。

3 アウシュヴィッツ絶滅収容所

起源

アウシュヴィッツ絶滅収容所は、ユダヤ人の大量殺戮が行われた収容所として最も広く知られている。ナチ・ドイツの絶滅収容所としてだけでなく、現在も世界で行われているジェノサイド——ある民族・ある集団全体の抹殺の象徴となってきた。

アウシュヴィッツは、ポーランドの古都クラクフの西五〇キロに位置し、ヴィスワ河とソワ河の合流点近くにある。ヴァルテガウにあったヘウムノ絶滅収容所、ポーランド総督領にあったラインハルト作戦の三つの絶滅収容所やマイダネク絶滅収容所と違い、アウシュヴィッツは、ポーランド占領後、ドイツがシュレージエン地方に組み込んだ東オーバーシュレージエンにあった。

アウシュヴィッツ絶滅収容所は、マイダネク絶滅収容所のように、いくつかの強制収容所を併せ持った巨大な複合収容所であった。しかし、その規模はマイダネクの一五倍であり、面積は最終的に約四〇平方キロで、一九四五年一月二七日にソ連軍によって解放されるまで拡大し続けた。ナチ体制下、最も広大な収容所であった。

一九四〇年四月二七日、ヒムラーの命令によってアウシュヴィッツの地に強制収容所の建設がはじまった。ナチ・ドイツの基幹収容所のなかでは、七番目の強制収容所であり、当初はポーランドの政治犯を収容する目的で開設された。

五月二〇日には、ポーランドの古い兵舎を改造して開設された新収容所にドイツ人のスタッフが三〇名ほど到着する。そのほとんどは元刑事犯の囚人であり、彼らを率いていたのは、親衛隊将校ルードルフ・ヘース（一九〇〇～四七）、アウシュヴィッツ絶滅収容所の司令官になる人物であった。ヘースもまた殺人事件による前科があった。

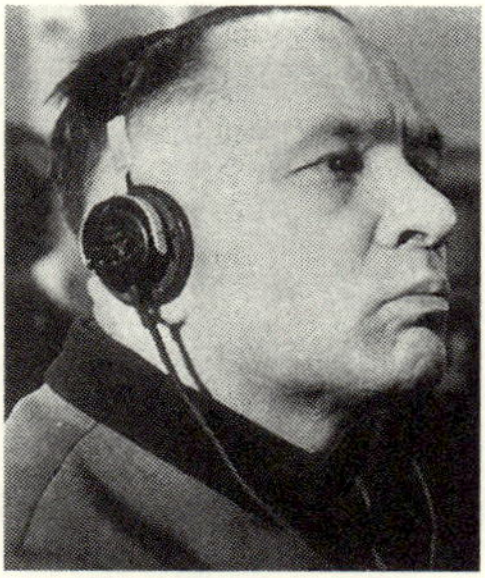

ルードルフ・ヘース

六月一四日の開所日には、第一陣として七二八名が移送列車で運ばれてきた。そのほとんどはドイツへの抵抗運動を行いクラクフ近郊のタルノフ刑務所に収監されていたポーランド人学生や兵士だった。

一九四一年六月二二日に、ソ連への侵攻がはじまると、ソ連軍捕虜が多数運ばれてくる。親衛隊の監視隊員も三月の段階では七〇〇名体制であったが、六月には三倍に増強されていた。アウシュヴィッツの拡張は続き、周辺では七つの村の住民が立ち退きを命ぜられる。

当初、七〇〇〇名の囚人を収容する施設として建てられたアウシュヴィッツ強制収容所（複数の支所で構成されるので、以後、本体である基幹収容所を「第一収容所」と表記）は、高圧電流を流した二重の有刺鉄線で囲まれ、二八の二階建煉瓦《れんが》収容棟バラック（通称「ブロック」）と洗濯室・調理室から構成されていた。

この第一収容所では、その後平均して一万八〇〇〇名が収容されるようになったが、囚人たちは鞭で追い立てられながら、一日一二時間以上働かされた。

こうした労働者を収容する施設とは別に、特殊なブロックも存在した。たとえば、第一〇ブロックでは常時人体実験が行われ、ユダヤ人やソ連・ポーランド軍捕虜の被験者は生きてここを出られなかった。

第一一ブロックは通称「ブンカー」（地下壕）とも呼ばれた拘禁を行う地域だった。両ブロックのあいだに通称「黒い壁」が設けられ、この前のスペースは囚人を射殺する処刑場となっていた。

モノヴィッツ収容所の設立

一九四一年春には、世界最大のドイツ化学コンツェルン、IG《イーゲー》ファルベン社が合成ゴム（ブーナ）製造のため収容所近くに工場施設を建てた。アウシュヴィッツでは、囚人をこの工場で働かせるため、あらたに収容所に付属する支所施設としてモノヴィッツ収容所を増設した。アウシュヴィッツ絶滅収容所には、最終的に三九の支所ができたが、その最大の施設であった。

アウシュヴィッツの収容所配置図

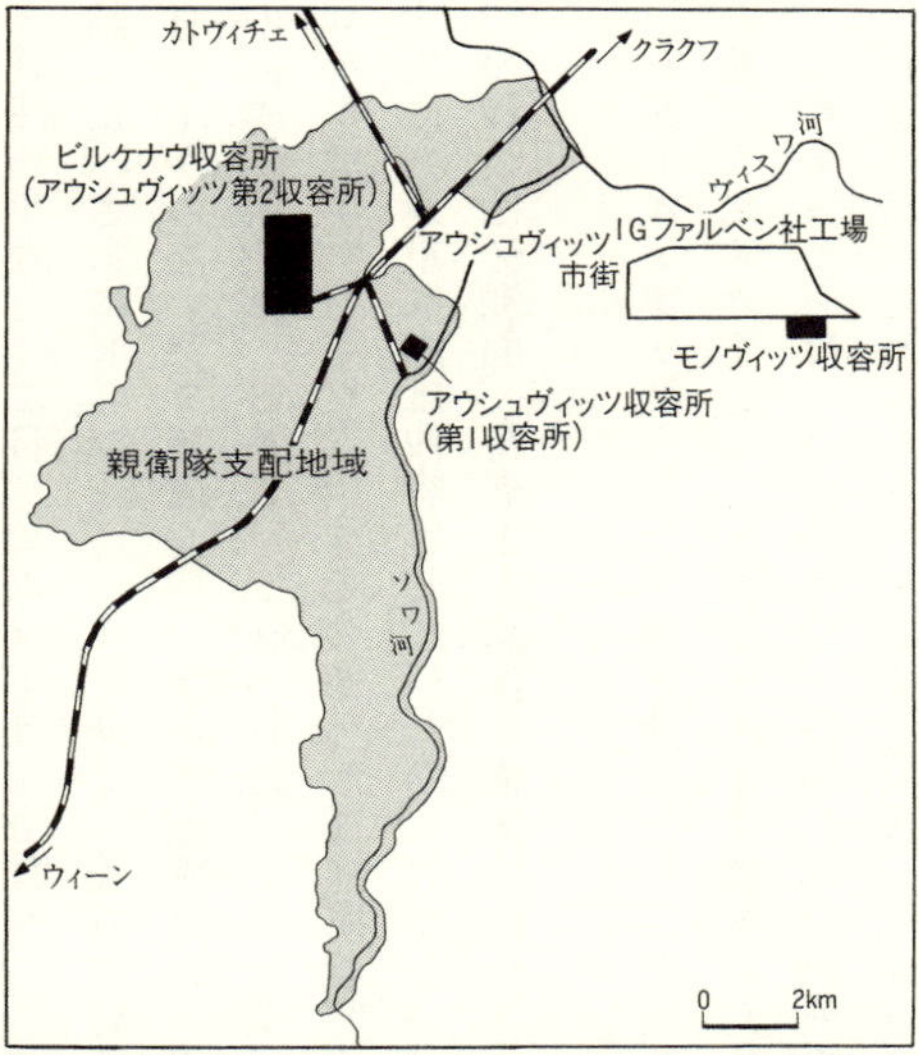

出所：Sybille Steinbacher, *Auschwitz*, Hamondsworth 2005 を基に筆者作製

それ以前から周辺に工場はあったが、IGファルベン社進出以降、周囲にクルップ社、ヴァイクセル金属工業連合、ヘルマン・ゲーリング工業所（H・ゲーリングがチェコに作った鉄鋼会社）と、次々に工場が建てられ安価な労働力としてアウシュヴィッツの収容者が利用される。親衛隊には、囚人一人一日分として非熟練労働者に三ライヒスマルク、熟練労働者には四ライヒスマルクが支払われていた。

一九四一年九月一二日、ヒムラーは司令官ヘースに対し、一〇万人収容可能な施設建設を要請した。さらにヒムラー、ハイドリヒ、強制収容所すべてを統括する親衛隊経済管理本部長官ポールのあいだで捕虜の取り扱いが協議され、二五日には国防軍統合司令部から一〇万名の捕虜の親衛隊への移管が伝えられた。それを受けて、翌二六日親衛隊建設局長ハンス・カムラーはアウシュヴィッツでのあらたな捕虜収容所建設の命令を発している。

すでにソ連軍捕虜は収容されていたが、アウシュヴィッツに限らずこの段階で捕虜収容所内での扱いは労働面、待遇とも悲惨を極めていた。

わがドイツ軍が捕らえたソ連軍捕虜三六〇万のうち、今日完全に労働可能な者はわずか数万人にすぎません。大部分は飢えや酷寒のために死亡しました。ドイツ軍捕虜収容所の司令官たちは、多くの場合、捕虜たちを餓死の運命にさらしています。飢えと消耗で行進を続けられなくなった捕虜を射殺し死体を放置しています。無数の収容所では営舎さえ造られませんでした。雨の日も雪の日も捕虜たちは野ざらしだったのです。「捕虜たちが倒れれば倒れるほどわれわれには好都合だ」——こうした声が（国防軍）収容所司令官たちのあいだから聞こえます。

東部占領地域省オットー・ブロイティガムは、独ソ戦初年の冬が終わった後、国防軍統合司令部にこうした報告を送っている。

ツィクロンB

アウシュヴィッツでの最初のガス殺は、一九四一年九月三日（あるいは五日）であった。これはユダヤ人が対象ではなく、二五七名のポーランド人政治犯、ソ連軍捕虜約六〇〇名などで「労働不能」とされた人びとだった。彼らは第一収容所内監獄の第一一ブロックに閉じ込められ、ツィクロンB《ベー》を用いて殺害された。

ツィクロンB

これは「労働不能」と判定された人びとを殺害するにあたって、その効果を確かめる実験だった。のちにユダヤ人大量殺戮がツィクロンBで行われるが、これが一つのきっかけだったことは間違いない。ラインハルト作戦下の三つの絶滅収容所では一酸化炭素ガスが使われたが、アウシュヴィッツ絶滅収容所では、以後一貫して青酸ガスであるツィクロンBが使われることになる。
このツィクロンBには、第一次世界大戦からの歴史がある。第一次世界大戦で敗北したドイツが締結したヴェルサイユ講和条約は、ドイツの化学兵器製造を禁止していた。そのため、ドイツ害虫駆除会社（略称デーゲシュ）が設立され、密かに研究が進められる。その結果、青酸を液体にして多孔素材に吸わせ、それを空気に触れさせ気化させることによって殺傷能力を持つ製品が開発されたのだ。当初は害虫駆除が目的であったが、これがツィクロンBになっていく。実際、一九二四年にはテッシュ&シュタベノ社という開発製品販売会社が設立され、ハンブルク汽船会社の船・ドック・倉庫、工場、鉄道貨車などの動物や害虫の駆除に使われていった。

第二次世界大戦勃発とともにツィクロンBは、ドイツ兵士の制服・下着・兵舎、あるいはまた外国人強制連行労働者たちの収容施設の害虫駆除のため需要が急増した。一九四〇年七月には、テッシュ&シュタベノ社員がアウシュヴィッツにも派遣され、親衛隊員の隊舎の消毒を行っている。

アウシュヴィッツ絶滅収容所司令官ヘースは、戦後のニュルンベルク継続裁判で、ツィクロンBとの関係を次のように証言している。

アウシュヴィッツを訪れたヒムラー（左から２人目）

大量ガス殺をはじめたとき、アウシュヴィッツにはかなりの量のツィクロンBのストックがありました。収容所の建物やバラックの害虫駆除のため用いられていたからです。ガス剤はテッシュ＆シュタベノ社製造のもので、この会社の技術員が収容所に来て殺菌消毒を行っていました。その際事故が起きないよう細心の注意を払う保安措置をとっていました。

ヒムラーの訪問と「絶滅」始動

第一収容所で一九四一年九月上旬に行われた「労働不能」者とソ連軍捕虜を対象にしたツィクロンBの実験段階では、まだアウシュヴィッツは「労働可能」なユダヤ人が移送される強制収容所であった。

一九四二年一月、ヴァンゼー会議についてハイドリヒから連絡を受けたヒムラーは、親衛隊経済管理本部第四局部隊局長（強制収容所行政責任者）リヒャルト・グリュックスに書簡を送り、強制収容所の労働可能なユダヤ人を労働に配置するよう指示し、「今後しばらくソ連軍の捕虜は期待できないので、ドイツから出国させたユダヤ人の男女を多数まとめて強制収容所に送る」としている。

企業・工場からの大量の生産注文に備え、ヒムラーは強制労働に従事させていたソ連軍捕虜の代わりに、男子一〇万名、女子五万名のユダヤ人を強制収容所に送りつけることを当面は考えていた。

一九四二年七月一七日から二日間、ヒムラーはアウシュヴィッツを監察(四一年三月に続く二度目で最後の訪問)している。収容所全体をくまなく回ったヒムラーは、強制収容所施設の拡張、労働配置のための囚人利用に特に注目していた。当時ヒムラーは、ポーランド総督領やヨーロッパ各占領地域から強制移送されてくるユダヤ人の受容規模に重大な関心を持っていた。

ヒムラーは翌一九日には、ベウジェツ、ソビブルの二つの絶滅収容所を回り、ユダヤ人の選別とガス殺を検分する。そのうえでポーランド総督領全域に権限を持つ親衛隊・警察高権指導者クリューガーに対し、総督領のユダヤ人全住民の「再定住」を一二月三一日までに完了するよう命令した。「再定住」とは、つまり殺害である。

先述したように、七月二二日からワルシャワ・ゲットーのユダヤ人が、大々的にトレブリンカ絶滅収容所へ強制移送されはじめ、九月末までに約90%がガス殺されることになる。

この段階まではヴァルテガウ、ポーランド総督領など各地域で、ユダヤ人の殺害は散発的に行われていた。だが、ヒムラーの各絶滅収容所巡回以降、かつてない大規模な強制移送が行われ、アウシュヴィッツでも大量殺戮が行われるのである。ヒムラーのこの巡回は、ポーランド・ユダヤ人の絶滅だけでなく、ヨーロッパ・ユダヤ人の絶滅を実現していく重大な画期点であった。

司令官ヘースが戦後、ニュルンベルク継続裁判後、処刑される前に書いた回顧録のなかで次のように述べている。

一九四一年夏突然、ヒムラーに呼ばれベルリンに赴いた。ヒムラーはおもむろに口を開き、総統閣下はユダヤ人問題の「最終解決」を命じられた。わが親衛隊はこの命令を遂行しなければならない。（中略）したがって私はこの任務をアウシュヴィッツで行うことを引き受ける決断をした。アウシュヴィッツが有力だったのは、第一に交通輸送上の利便性、第二に容易に封鎖偽装が可能な地域だったからである。

ヒムラーから呼ばれたのは一九四二年夏の記憶違いとみられる。ヘースは同時期ラインハルト作戦が実行されていることにも言及しているが、一九四一年夏にはベウジェツ、ソビブル、トレブリンカといった絶滅収容所は存在していなかったからだ。いずれにせよ、こうして絶滅政策は始動していく。

ビルケナウ収容所――ガス室の始動

話は一〇ヵ月ほど遡《さかのぼ》るが、一九四一年一〇月からアウシュヴィッツでは、ヒムラーの命令により、移送されてきていたソ連軍捕虜一万名を使ってアウシュヴィッツ第二収容所――ビルケナウ収容所の建設がはじまっていた。

この建設は苛酷で、従事した捕虜のうち翌年春までに生存していた者はわずか2%にすぎなかった。一ヵ月以内に半数が死亡し、二月には二〇〇〇名、五月にはわずか一八六名だけが生き残っていたという。

このビルケナウ収容所は、第一収容所から二キロ離れた住民三八〇〇名の町ブジェジンカにあった。もともとはユダヤ人が多く居住していたが、当時すでに立ち退いていた。収容所敷地には二五〇の木造ないし石造りのバラックが建てられ、一棟に三〇〇～四〇〇名の囚人の居住を想定していたが、実際には倍の人数が押し込まれ、奴隷的労働を強いられるようになる。

アウシュヴィッツで、ガスを用いたユダヤ人の大量殺戮を行う絶滅収容所として機能するのは、このビルケナウ収容所である。最終的に、この収容所が完成したのは一九四三年春であった。

だが、完成以前からビルケナウ収容所での殺害ははじまっていた。すでに敷地内にあった

ビルケナウ収容所入口（上）／降荷場で「選別」を受けるユダヤ人（下）

農家二軒が、ガス室に改造されていたからだ。一軒は壁に漆喰《しっくい》が用いられ外観が白いことから「白い家」(のちには「ブンカーⅠ」)、もう一軒は煉瓦造りで赤褐色だったことから「赤い家」(のちには「ブンカーⅡ」)と呼ばれた。

ビルケナウの最初のガス室の稼働がいつだったかは確認されていない。おそらく一九四二年初頭から春だったと推定される。だが、遅くとも五月には稼働していた。五月四日から、鉄道輸送で運ばれてきたユダヤ人に対する労働可能か否かの「選別」が、親衛隊将校と医師によってただちに行われるようになっていたからだ。

先述したように、ヒムラーは企業・工場からの大量の生産注文に備え、ソ連軍捕虜の代わりに、男子一〇万名、女子五万名のユダヤ人を強制収容所に送りつけることを考え、実行していた。ドイツ軍によって占領されたあらゆる地域から、ユダヤ人を満載した列車(ほとんどは家畜用貨車)が、引き込み線の終点であるビルケナウの降荷場《ランペ》に着き、その場で「選別」が行われていた。ちなみにここで75%の人びとが「労働不能」と判断され、ガス室に直行させられた。

「**クレマトリウム**」

アウシュヴィッツが、絶滅政策の重要な収容所になってくるのは、ヒムラーが訪問した一九四二年七月以降である。ソ連との戦いで苦戦が続くようになり、ラインハルト作戦が実行されていたポーランド総督領ルブリン地区の交通輸送事情が悪化したこともあった。トレブリンカやソビブル絶滅収容所では、囚人たちが蜂起を準備しつつあり、ラインハルト作戦も終盤を迎えようとしていたときでもあった。

ヒムラー訪問後、アウシュヴィッツでは、行動部隊《アインザッツグルッペン》Cの指揮官パウル・ブローベルが特別行動隊《ゾンダーコマンド》を動員して、いままでの痕跡を消すために、血と水が上澄みのように上がってきていた、大量の埋められた遺体を焼却炉で焼いている。ブローベルは一九四二年末までにアウシュヴィッツで一〇万体の遺体を掘り出して焼却し、大量の骨粉をヴィスワ河、ソワ河に流している。

一九四三年に入ると、ビルケナウ収容所に四つの「クレマトリウム」が建設される。クレマトリウムとは、ガス室と焼却炉が複合した施設で、痕跡を残さずに、より合理的に大量殺戮を行うことができた。

すでに一九四一年九月二五日、クレマトリウムⅠが第一収容所に設置されていたが、ビルケナウにも、クレマトリウムⅡ～Ⅴが設置される。クレマトリウムⅣが一九四三年三月二二日、Ⅱが三月三一日、Ⅴが四月四日、Ⅲが六月二五日から始動している。各クレマトリウムは、それぞれ一つのガス室を備え、焼却炉はクレマトリウムⅡとⅢが一五、クレマトリウム

ⅣとⅤが八つ持っていた。

焼却炉が一日に受け入れ可能な人数は、当初クレマトリウムⅡとⅢが各一四四〇名、クレマトリウムⅣとⅤが各七六八名とされ、最大四四一六名が焼却できるとされた。だが、のちには効率を上げ一日約八〇〇〇名が焼却されることになる。

ちなみに、クレマトリウムⅠは一九四三年八月頃から使われなくなったが、同じように一つのガス室と三つの焼却炉を備え、一日三四〇名まで受け入れ可能であった。

クレマトリウムが完成したのち、強制移送されてきたユダヤ人は、降荷場《ランペ》で「選別」され、そのままクレマトリウムで殺戮されていった。以後、一九四四年一一月二六日に最後の「選別」が行われるまで、クレマトリウムを使ったユダヤ人の大量殺戮が行われていく。

絶滅収容所の情報

ロンドンに亡命していたポーランド政権は、すでに英語広報紙『ポーリッシュ・フォートゥナイト・レヴュー』（ポーランド隔週評論）で、一九四一年一一月以来、アウシュヴィッツの残虐性を伝えていた。一九四二年七月二一日号では、ガス殺実験についても報じている。

一九四三年秋になると、イギリスBBC放送もゲットーでの餓死・射殺、ヘウムノやベウジェッツ絶滅収容所での大量殺戮を国際世論にアピールしはじめた。その頃には、連合国や中立国、またヴァティカンも、ナチスによるユダヤ人の絶滅政策について、いくつか情報をつかんでいた。

その発端は、ジュネーヴの世界ユダヤ人会議代表ゲアハルト・リークナーであった。ヒムラー招待の宴席に出たドイツ人企業家が、公然と大量殺戮が語られていることに驚き、リークナーに連絡したのである。リークナーは、一九四二年八月段階でシュレージエンの中心都市ブレスラウの関係筋からの信頼できる情報だとして、アメリカとイギリスに打電していた。その内容は、「ドイツ占領下のあらゆるユダヤ人が東ヨーロッパに集められ殺害されている」「青酸を含んだ殺害方法も検討されている」というものだった。しかし、アメリカ、イギリスともこの情報を信用しなかった。

他方では、同時期に絶滅収容所に潜入したポーランド人外交官ヤン・カルスキ（一九一四～二〇〇〇）が情報を提供していた。カルスキはロンドンの亡命政権から命令を受け、一九四二年ポーランドに密かに入り地下運動と接触する。そのうえで、ウクライナ兵の制服を着用しベウジェッツ絶滅収容所に、またワルシャワ・ゲットーに潜入し、収容所やゲットー内の悲惨な状況を体験した。

ワルシャワ・ゲットーへカルスキを導いたのは、反シオニスト派ユダヤ人労働運動「ブンド」のリーダーで、ゲットー内抵抗運動を続けていたレオン・ファイナーである。ファイナーはカルスキに、ユダヤ人虐殺の事実をドイツ国民に知らせることを要請しつつ、「あなたがここで見たことを忘れないでください」と繰り返し頼んだという。

カルスキはポーランド脱出後ロンドンに帰還する途中、スロヴァキアでゲスターポに捕まったが、地元の抵抗運動グループの助けで脱出に成功しなんとかロンドンに帰還した。だが、カルスキを助けたスロヴァキアの人びとはその代償として三二名が処刑されている。

カルスキの報告は『ニューヨーク・タイムズ』（一九四二年一一月二五・二六日号）、イギリス『タイムズ』（同年一二月七日）に掲載されて反響を呼ぶ。翌四三年七月にカルスキはアメリカに渡り、直接ローズヴェルト大統領、最高裁判事フェリックス・フランクフルター（全米ユダヤ人代表の一人）などに会いポーランドの惨状を訴えた。だが、カルスキの話はポーランド亡命政府の誇大宣伝であるとされ、結局黙殺される。

一九四三年四月一九日には、カリブ海のバミューダ諸島でナチ占領下のユダヤ人の置かれた状況について米英会談が行われた。奇《く》しくもこの日、ワルシャワ・ゲットーでは、モルデハイ・アニエレヴィチの指導する「ユダヤ戦闘組織」が、ゲットー解体を行うナチ武装親衛隊を迎え撃ち、果敢に戦っていた。結局、米英会談は何の具体的措置を決めることもなく終わり、ゲットーの蜂起も鎮圧された。

脱走と連合国の空爆

一九四四年四月七日、アウシュヴィッツ収容所から、ルードルフ・ヴルバ（ヴァルター・ローゼンベルク）とアルフレート・ヴェツレルの二人のユダヤ人が脱出する。二人は、その組織的殺人を直接伝えるべく収容所内の抵抗運動の助けを借り、証拠となるツィクロンBの缶も携行していた。彼らは脱出から三日後、出身地スロヴァキアに辿り着いた。

二人はスロヴァキアのユダヤ人評議会代表に対し、絶滅収容所の殺害工程システム、囚人たちの奴隷的日常、親衛隊と企業との協力を詳しく伝え、またハンガリーのユダヤ人の大量殺戮が切迫していることについて警告した。

彼らの情報は、ハンガリーおよびスイス経由で世界ユダヤ人会議に伝えられた。だが、この貴重な情報はハンガリーのユダヤ人にはほとんど伝わることはなかった。

五月二七日には、やはりスロヴァキア出身のシェスワフ・モルドヴィチと、アルノシ・ロージンの二人のユダヤ人がアウシュヴィッツ収容所からの脱出に成功し、収容所内の情報を携え、六月半ばには連合国や中立国に伝えた。アメリカ、イギリス、スイスの新聞・ラジオも彼らの話を報じ、一般の人びとの関心を喚起したが、連合国は絶滅施設に対する積極的な行動をとることはなかった。一九四四年四月には偵察飛行によって、アウシュヴィッツ収容所の航空写真が撮影されるようになる。六月末以降ビルケナウ収容所の降荷場《ランペ》の人だかりやクレマトリウムに向かう行列も撮影されている。

だが、アメリカ陸軍省は軍事施設でないこと、飛行機の数が不足していることを理由に、攻撃を行わなかった。ようやく七月に入りアウシュヴィッツ周辺の工場であるＩＧファルベンの施設が爆撃対象となり、八月二〇日、九月一三日、一二月一八、二六日、一九四五年に入ると一月一九日に空爆が行われた。だが、この空爆では、クレマトリウムもビルケナウに通じる鉄道線路も無傷に近かった。

ユダヤ系ハンガリー人の悲劇

実は、アウシュヴィッツ絶滅収容所で、最も殺害されたユダヤ人はハンガリーの人びとであった。ここで彼らが歩んだ運命について少し触れておきたい。

ナチ・ドイツと同盟を組んでいたハンガリーは、その力を背景に一九三八〜四一年に、ルーマニアから北トランシルヴァニア、チェコスロヴァキアから北東ハンガリー、ユーゴスラヴィアからヴォイヴォディナ地方の一部を再編入し、膨張していた。

ナチ・ドイツとの関係から、当時の政権は、同国のユダヤ人八二万五〇〇〇名に対し差別的な政策を推進した。たとえば、ユダヤ人を正規の軍務から排除し、軍指揮下の特別労働奉仕に徴募したり、ユダヤ人と非ユダヤ人との結婚・性関係を禁止していた。

独ソ戦では、ハンガリーは一九四一年六月二七日ドイツ側に立って参戦。特別労働奉仕に徴募されたユダヤ人は、一九四二年初頭、五万名が東部戦線に送られた。

ナチ・ドイツは、ハンガリー経済・文化生活からのユダヤ人排除、ユダヤ人は衣服に黄色い星を縫いつけることなどを求めていた。しかし、政権交代後のカーライ・ミクローシュ政権（一九四二年三月〜四四年三月）は拒否を表明、一九四四年に入り、独ソ戦でドイツの敗色が濃くなると、ハンガリーは連合国との和平を模索していた。これに対してナチ・ドイツは一九四四年三月一九日、軍を派遣しハンガリーを占領する。

占領当日、国家保安本部ユダヤ人問題課スタッフを引き連れたアイヒマンは、ユダヤ人評議会の設立を命じ、ゲットー化と六つの移送区域構成を図った。新しい対独協力政府は、三月二九日にユダヤ人に黄色い星を縫いつけた衣服の着用を強制する法を公布し、銀行口座の凍結や電話・自動車・ラジオの所有、旅行が禁止された。そして内務省ハンガリー警察、地方行政機関を動員し、仮収容所となった各地のゲットーにユダヤ人を駆り立てた。この段階では、ドイツ側への移送ではなく、ハンガリー内の労働収容所での労働動員であると喧伝されていた。しかし、同国占領の段階で、アイヒマンは絶滅収容所への移送を考えていた。

ユダヤ人側は、ドイツが東部戦線で逼迫している状況をにらみ、ヨエル・ブラント、レセ・カストナーなどシオニストで構成されたブダペスト・ユダヤ救援委員会は、翌四月に一〇〇万名のユダヤ人救済の見返りとして東部戦線用にトラックを一万台、ココア・砂糖・紅茶各二〇〇トン、石鹼を二〇〇万個提供するという話を親衛隊にもちかけた。

アイヒマンは、ヒムラーの指示でブラントと交渉し、ブラントはイスタンブールでの世界ユダヤ機構のエージェントと物資の手配を行う。ハンガリー・ユダヤ人の運命がブラントのミッションにかかっているという様相を呈したのだった。

五月一七日イスタンブールに出発しようとしたブラントに対し、アウシュヴィッツ絶滅収容所への第一回移送を二日前からはじめたアイヒマンは移送の中断、カストナーなどを第三国へ送ることも約束した。だが、イスタンブールに到着したブラントはトルコ政府に強制送還の脅しを受け、シリアに入ったところで身柄を拘束されイギリス軍支配下エジプトのカイロで拘引されてしまう。その結果、移送は進むことになる。

アイヒマンは周到にも最初にアウシュヴィッツ絶滅収容所に送ったユダヤ人に故郷へ葉書を書かせ、周囲が美しい場所に来ていると伝えさせていた。そして、六月九日までに六つの移送区のうち第一区・二区の二八万九三五七名、六月一七日には第三区の五万八〇五名、六月末までに第四区の四万一四九九名、七月八日までに第五区・六区のユダヤ人五万五七四一名がアウシュヴィッツ絶滅収容所に移送された。

しかしハンガリーからのユダヤ人移送は世界中に報道される。この段階では、絶滅収容所での殺害はあまり知られていなかったものの、強制移送についてローズヴェルト米大統領、ヴァティカンのローマ教皇ピウス一二世、スウェーデンのグスタヴ国王、国際赤十字総裁の懸念・抗議の声明が出され、ホロコーストに対する国際的な非難の波がはじめて高まりを見せた。

対独協力政府は、ドイツ側の労働力要求に応えているにすぎないと強弁したものの、七月に移送を停止。地方のユダヤ人の移送はほぼ終わっていたが、首都ブダペスト在住の二〇万名を超える人びとが移送を免れることになった。

しかし、一〇月一五日、ハンガリーの国民社会主義党「矢十字」は親衛隊の援助を受けてクーデターを決行し、党首サーラシ・フェレンツを首相にすえた。新体制はハンガリー・ドイツ国境の要塞建設労働に一五～六〇歳のユダヤ人男性、一八～四〇歳のユダヤ人女性を強制連行した。二二〇キロの道中、食事や水の配給も、休憩や避難所も、医療ケアもなしに歩かされた人びとは倒れ白昼公道で射殺された。

一二月八日からはじまったソ連軍のブダペスト包囲戦のあいだもドナウ河岸で矢十字党員や親衛隊によるユダヤ人虐殺が行われ、四五年二月一三日のソ連軍による「解放」までゲットーに入れられていた七万名のうち数千人が犠牲となっている。ハンガリー・ユダヤ人犠牲者は総計五六万四〇〇〇名にのぼった。

特別労務班員の運命

絶滅収容所は、親衛隊が中心となって運営されていたが、その末端で働かされたのは、収容されたユダヤ人のなかから選ばれたユダヤ人特別労務班員であった。このユダヤ人特別労務班員（「ゾンダーコマンド」。行動部隊《アインザッツグルッペン》の下部単位の「特別行動隊《ゾンダーコマンド》」と同じドイツ語）は、ユダヤ人のガス殺が円滑に行われるよう巧みに誘導し、ガス殺後の遺体の片づけ処理を迅速に行うことを強制されていた。彼らもまた不必要となれば抹殺された。戦後、生き延びたとしても、ナチ親衛隊側の協力者としての烙印を捺され、隠れるように暮らすことになる。

ビルケナウ収容所の場合、ユダヤ人特別労務班員は一九四四年八月のピーク時には九〇四名を数えた。彼らは食料や労働条件で特別待遇を受け、サラミ・酒・タバコの支給があり、他の収容者から隔離されていた。

だが、こうした優遇を受けても、人体実験を含む「医療」に従事させられたユダヤ人医師ミクロス・ニスリは、「ユダヤ人特別労務班員が担わされた恐るべき任務は、自らの人格の放棄と想像を絶する絶望感によってはじめて行うことができた」と語っている。多少の期間、生命を保障されたとはいえ、つねに仲間たちが死に追いやられるのを見るのは耐えられない重圧があった。奇跡的に生き残った後も、自殺に駆られたり廃人になった者も多かった。

ユダヤ人特別労務班員だったフィリップ・ミュラーは、次のようなことを印象深く語っている。ガス殺が終わった後、遺体運搬のためにガス室に入ると、「膨大な数の遺体のなかで一体だけ、心臓の鼓動が感じられる者がいた。それは子どもだった」と述べている。だが、この少女もすぐに射殺されて短い生涯を閉じたという。

ユダヤ人特別労務班員の命も、配属された班で数ヵ月が通例であった。収容所管理を行った親衛隊の文書、戦後の裁判記録、生存者の証言などを集めて構成された『アウシュヴィッツ日誌』によれば、たとえば一九四二年一〇月から一二月までの二ヵ月のあいだに、一〇万三〇〇〇名のユダヤ人・ソ連軍捕虜・ポーランド人の遺体焼却を行った班員三〇〇名全員が、第一収容所に連行されてガス殺されている。

ユダヤ人の武装蜂起

一九四三年末以降、ビルケナウ収容所からの脱出をめざした蜂起がユダヤ人特別労務班員数名によって準備されていた。さらに第一収容所内の弾薬工場「ヴァイクセル（ヴィスワ）金属工業連合」で働かされていたユダヤ人女性労働者のなかからも呼応する者が現れ、ローザ・ロボタら四人の女性は、手榴弾《しゅりゅうだん》製造のための爆薬を抵抗グループに提供していた。だが、ソ連軍接近のニュースが囁かれるなか計画はなかなか実行されなかった。そのあいだ、先述したように一九四四年五月〜七月には四〇万名を超えるハンガリーのユダヤ人が大量移送され、殺害された。繰り返すが、アウシュヴィッツでは一一〇万名を超えるユダヤ人が犠牲となったが、ハンガリーのユダヤ人がその最大のグループである。以後、アウシュヴィッツへの移送が激減し、収容所内ではユダヤ人特別労務班員がガス殺の対象になるという噂が流れはじめる。

一九四四年一〇月七日、ビルケナウ収容所のクレマトリウムⅣ構内で親衛隊による点呼と「選別」が行われはじめたとき、武装蜂起がはじまった。ユダヤ人特別労務班員が親衛隊員に鉄棒、岩石、オノ、ナイフで襲いかかり、高圧電流の流れる有刺鉄線の外への脱出が行われた。また、構内の宿泊施設のマットに放火するグループもいたが、親衛隊の機銃掃射を浴びて射殺される。

一方で、収容者を虐待することで悪名高かった「カポ」〈親衛隊の監視部隊員を補助する囚人頭ないし監督囚人〉のカールは生きたまま焼却炉に放り込まれた。六〇〇名を超えるユダヤ人特別労務班員は親衛隊員を振りきって逃亡を試み、一部は所内の納屋に立てこもり、駆けつけた親衛隊と戦おうとした。だが、納屋は放火され全員殺害される。

クレマトリウムⅡとⅣのユダヤ人特別労務班員も計画は知っていたが、行動に移せないうちに増強された親衛隊に威圧された。クレマトリウムⅢの屋根裏に隠してあった手榴弾を使えたか否かは現在でも不明である。

結局、クレマトリウムⅣで生き残ったのはニスリ医師、ミュラーら班員四名のみであり、彼らの証言をつき合わせると、ドイツ側は親衛隊員三名とカポ一名が死亡、一二名が負傷した。ユダヤ人側はユダヤ人特別労務班員二五〇名、さらにその日のうちに報復として二〇〇名が銃殺された。また三日後にはユダヤ人特別労務班員一四名が逮捕され、第一収容所に連行されている。蜂起の成果は、クレマトリウムⅣで、八つの焼却炉を破壊したことだった。

ユダヤ人特別労務班員が中心となった武装蜂起は大量殺戮の進行自体を阻止できなかったが、鎮圧数週間後の一一月、ヒムラーはガス殺中止命令を発した。戦局が悪化し、ソ連軍が次第に迫りつつあったからである。

一九四四年一一月二六日、ビルケナウ収容所では、最後の「選別」が行われる。この段階で、クレマトリウムはⅤだけが存続し、他のクレマトリウムの解体が決まっていた。結局、クレマトリウムⅤのユダヤ人特別労務班員三〇名だけを残し、他のクレマトリウム解体に従事した班員は犯罪の痕跡を消すため殺害された。

最後の処刑は、一九四五年一月六日に女性収容区で行われた。先の武装蜂起を助けたローザ・ロボタをはじめ四人が絞首によって殺害された。そして、最後まで存続し大量殺戮を行ってきたクレマトリウムⅤが、一月二〇日に親衛隊によって爆破された。

「解放」と「死の行進」

一九四五年一月一二日、アウシュヴィッツ方面に攻勢を開始したソ連軍は、二七日騎兵を先頭に同地を占領した。すでに前年七月二三日マイダネク絶滅収容所を解放していたソ連軍は、西側連合軍よりかなり早くナチスの収容所に入ったことになる。

ソ連軍は到着時、アウシュヴィッツ全体で七六五〇名の生存者を確認している。ほとんどが病人で、この後に亡くなった人も多く、二月六日にポーランド赤十字部隊が調査したときには、生存者は四八八〇名になっていた。

ソ連軍の接近が間近になると、絶滅収容所をはじめ強制収容所は、まだ余力のある収容者を徒歩によって、あるいは一部は鉄道を使い、ドイツ本国の強制収容所をめざして強制的に移動させていた。これは「死の行進」と呼ばれる。

だが、そのまま目的の収容所に辿り着けた者は少なかった。収容者は飢餓状態だったため、天候の変化や寒気から亡くなる者もあり、途中で衰弱し歩行困難になった者は容赦なく射殺されたからだ。

アウシュヴィッツからの「死の行進」を強制された者は、六万六〇〇〇名だった。彼らはブーヘンヴァルトやマウトハウゼンなどの強制収容所をめざした。そのうち約一万五〇〇〇名が途中で射殺、あるいは亡くなっている。

「死の行進」は、西側連合軍の接近にともない、ドイツ国内の基幹強制収容所でも行われた。

ダハウ、ラーヴェンスブリュック、ノイエンガンメ、ブーヘンヴァルト、マウトハウゼンか

解放直後の収容者たち　ブーヘンヴァルト強制収容所（上）　**殺害された人たちの痩せ細った遺骸**　ベルゲン＝ベルゼン強制収容所，1945年5月（下）

ら、収容者たちは戦争末期、西へ東へと強制的に移動させられたことになる。

戦争終結前の二ヵ月間に、「死の行進」を強いられた収容者は二五万名にのぼる。強制収容所のほかの収容者――抵抗運動関係者で重要な人物と目されていた人びとは親衛隊の撤退前に殺害されるか、混乱のなか収容所に残って解放を待ったケースが多く、結局「死の行進」に駆り立てられたのは、ほとんどユダヤ人であった。

著名なアンネ・フランクの場合、姉とともにアウシュヴィッツから貨車でドイツ国内ニーダーザクセン州のベルゲン＝ベルゼンに移送され、イギリス軍が解放する直前に姉とともにこの地でチフスで亡くなっている。

ベルゲン＝ベルゼン収容所では、解放後も二万名が発疹チフスなどの伝染病で亡くなるという状況で、感染をおそれたイギリス軍は、ブルドーザーで遺体を巨大な穴に埋めざるを得なかった。

アウシュヴィッツの犠牲者数

アウシュヴィッツのユダヤ人犠牲者は何名だったのだろうか。

一九四五年二月、「解放」直後から調査委員会を設けたソ連は、ドイツがベルリンで無条件降伏した五月八日に四〇〇万名と発表した。だが、ユダヤ人が何割を占めたかは明らかにしていない。

ニュルンベルク国際軍事裁判では、ポーランド最高裁判所が提出した四〇〇万名（奇しくもソ連の発表と同数だが）という数字を採用した。だが、この裁判に出廷したアウシュヴィッツ司令官ヘースは、三〇〇万名と証言し、さらにガス殺が二五〇万名、五〇万名が飢餓・疫病・銃殺などによると供述している。ヘースはこの後、ポーランド人民裁判に送られ、一一三万五〇〇〇名と修正している。

現在、最も信頼されている犠牲者数は、ポーランド国立アウシュヴィッツ・ビルケナウ歴史研究センター所長フランチシェク・ピーパーのものである。アウシュヴィッツへ各国から強制移送された人びとは、残された移送記録から約一三〇万名で、そのうちユダヤ人は一一〇万名（ハンガリー系が四三万八〇〇〇名）だった。その後、他の強制収容所に約二〇万名（一九四三年までに二万五〇〇〇名であり四四～四五年に集中）が移送されている。したがってアウシュヴィッツでガス殺・銃殺・飢餓・栄養失調・病気・拷問などによって亡くなった人は約一一〇万名と見積もられる。この犠牲者数にはソ連兵捕虜やポーランドなど各国の政治犯も含まれ、彼らは多く見積もって数万名とされる。したがってユダヤ人犠牲者は百数万名ではないだろうか。

移送された人びとも、アンネ・フランクのように、送り先で亡くなるか、「死の行進」を強いられて落命するか、生きて戦後を迎えた人はほとんどいなかった。

もちろん例外もあった。先述したようにソ連軍解放時には七六五〇名（ただし一〇日後には四八八〇名）、脱走者も五〇〇名いた。また親衛隊管理者側によって釈放された者も一五〇〇名いた。だが、そのなかには、もちろんユダヤ人はいなかった。

終章

ホロコーストと歴史学

犠牲者の総数と史料

ユダヤ人犠牲者は、いったいどれくらいだったのだろうか。

世界の著名なホロコースト研究者たちがまとめた『ホロコースト大事典』の「犠牲者数」という項目では、ヴォルフガング・ベンツ（ベルリン工科大学教授、反ユダヤ主義研究センター所長）が担当し詳細に記述している。ベンツは *Dimension des Vöelkermords: Die Zahl der jüdischen Opfer des Nationalsozialismus*（『ジェノサイドの規模——ナチズムのユダヤ人犠牲者の数』）を一九九一年に上梓《じょうし》し、世界の歴史家から評価され、最もこの分野で優れた研究を行っている。ここではベンツの指摘に依拠しつつ犠牲者の総数について述べる。

犠牲者の総数に関わる史料となる総括文書は、ナチ指導部が犯罪の痕跡を消そうとしたため基本的には残っていない。そのため、犠牲者の総数を厳密かつ正確に確定することは難しい。だが、統計的資料など重要な文書史料のなかには破棄されなかったものもある。

その一つは、統計監査官として親衛隊に配属されていたリヒャルト・コルヘアの報告である。この報告によれば、一九四三年三月末までに二五〇万名以上のヨーロッパ・ユダヤ人が殺害されている。コルヘアは、「殺」に関する言葉を一切使わず「特別措置」と記しているが、「（対象となった）ユダヤ人の人口は、普通過小のもののみを採用した」としている。

また行動部隊《アインザッツグルッペン》の報告書も残されている。「ソ連事件報告書」「東部占領地域報告書」「ソ連における保安警察・親衛隊保安部行動部隊活動・情況報告」の三種類である。「ソ連事件報告書」は保安警察・親衛隊保安部によって作成され、一九四一年六月二三日〜四二年四月二四日の期間を記述している。一九四冊(一九五冊中)が現存している。「東部占領地域報告書」は五五冊が現存している。同じく保安警察・親衛隊保安部司令部によって作成され、一九四二年五月一日〜四三年五月二一日の期間について記述されている。「ソ連における保安警察・親衛隊保安部行動部隊活動・情況報告」は一一冊あり、一九四一年六月〜四三年五月の期間について総括的に記述されている。

この三つの史料から、どんなに少なく見積もっても五三万五〇〇〇名のユダヤ人殺害が明らかになっている。

だが、ソ連国内でのユダヤ人の犠牲者数の総数は、はっきりしない。絶滅作戦、ポグロム、虐殺に関して利用できる史料などから、たしかにナチス侵攻後のソ連において、最初の数ヵ月だけで少なくとも七〇万〜七五万名のユダヤ人が殺害されたことも明らかである。しかし、戦争終結までの総数となると、現在なお確定されていない。

とぼしい史料のなか、ホロコーストに携わった親衛隊高官の当時の会話などもベンツは重視する。たとえば、国家保安本部の強制移送責任者であったアイヒマンは、一九四四年八月、親衛隊中佐ヴィルヘルム・ヘトゥル（国家保安本部第四局西南欧課）に対し、絶滅収容所で四〇〇万名、さらに二〇〇万名がほかの手段――その多くがソ連で行動部隊によって射殺――で殺害されたと語っている。これは戦後開廷されたニュルンベルク国際軍事裁判でのヘトゥルの宣誓供述書にある。

やはり第四局にいたディーター・ヴィスリーツェニーは、アイヒマンが少なくとも四〇〇万名という数字をよく挙げ、時には五〇〇万名ともいっていたと同裁判で証言している。

こうした史料と証言に加え、第Ⅵ章で挙げた絶滅収容所での大量殺戮の人数などからベンツは、少なく見積もっても五二九万名、最大で六〇〇万名を超えるとしている。

約六〇〇万名の犠牲者

もちろんベンツに限らず、多くの研究がホロコーストの犠牲者の算出を行っている。代表的なものを二つ挙げると、ニューヨーク・ユダヤ人問題研究所は五八〇万名、イスラエルの歴史家が中心になって編集した *Encyclopedia of the Holocaust*, 4 Bde, New York/London 1990.（『ホロコースト百科事典』）は五五九万六〇〇〇～五八六万名としている。

前者は、大きな概算から算出したものである。ヨーロッパ・ユダヤ人の人口が、第二次世界大戦前の一九三九年段階で九五〇〇万名だったのに対し、終戦後の四五年段階で三一〇〇万名

ホロコースト犠牲者の各国・地域人口

Martin Gilbert, *The Routledge Atlas of the Holocaust*, London 2002 を基に筆者作製. ホロコースト研究者であるM・ギルバートは, 戦前の各国別ユダヤ人口と戦後生き延びたユダヤ人口から, 上記のような犠牲者数の地図を1982年に作製した. この段階でギルバートはホロコースト犠牲者総数を575万人としている

アインザッツグルッペン

であったことから、亡命した六〇万名を引いたうえで算出している。

後者は、特に各国、地域に関するそれぞれの専門家が個別に出した数字を合計したかたちで犠牲者総数の最大と最小を導き出している。

長らくアウシュヴィッツ研究プロジェクトに関わり *Auschwitz. A History*, 2005（『アウシュヴィッツ』）を記して絶滅収容所研究の第一人者として知られるジビュレ・シュタインバッハー（ルール大学准教授）の新しい研究を参考にしつつ、ここで筆者なりの総数を挙げておきたい。

行動部隊《アインザッツグルッペン》、武装親衛隊、国防軍などの部隊によって大量射殺された人びとが約一三〇万名。ベウジェツ、ソビブル、トレブリンカ、マイダネク、アウシュヴィッツという五つの恒久的絶滅収容所でガス殺された人びとが約三〇〇万名。ヘウムノ絶滅収容所、ベラルーシ（特にミンスク）、エストニアをはじめ、本文では言及しなかったがクリミア地方、カフカース地方で多用されたガス・トラックで殺害された人びとが約七〇万名。ゲットーで亡くなった人びとが約一〇〇万名（飢え・病での死者が約八割）。さらに、強制収容所で亡くなった人びとや、戦争末期収容所解体後、「死の行進」の途次亡くなった人びとを加えれば、六〇〇万名は下らないと見積もられる。

ナチ犯罪追及と「戦争犯罪人」

こうした未曾有の犯罪に、終戦直後、連合軍はどう対処したか簡単に触れておく。すでに第二次世界大戦中、連合国側はドイツの戦後処理について、主要戦争犯罪人に対する裁判を重視した。そこからホロコースト犯罪に対する追及も派生して出てくるという面があった。

戦争終結後、強制収容所の多くを解放した米軍は、まず身柄を拘束した収容所司令官、収容所勤務の親衛隊員を被告とする裁判を行った。ただし、それは連合国側の捕虜に対する虐待・殺人の犯罪が中心である。一九四五年一一月五日からダハウでは当地の強制収容所での犯罪追及を皮切りに、マウトハウゼン、ブーヘンヴァルト、フロッセンビュルクなどでの虐待・殺人の犯罪を中心に厳しく裁いた。

ダハウ裁判では、四〇名の監視人員のうち三六名に、マウトハウゼン裁判では六一名の監視人員に対し五八名に死刑判決を下した。ダハウでの一連の裁判は、一九四八年までに計二八六件行われている。

それではホロコーストに対してはどうであったのか。

第二次世界大戦後、世界各地で膨大な数の戦争犯罪裁判が行われたが、ドイツの場合、大きく次の三つに分けることができる。

第一は国際軍事裁判、いわゆるニュルンベルク国際軍事裁判（以下、ニュルンベルク裁判）や極東国際軍事裁判（東京裁判）のように国際的な協定にもとづく裁判である。

第二は連合国の管理理事会が国際裁判の権限を各占領区最高司令官に委任するかたちで、行われた裁判である。米英仏ソ四ヵ国の対独各占領軍最高司令官で構成される管理理事会はベルリンに設置され、一九四五年八月二日、ドイツに対し、ポツダム協定によって四ヵ国分割占領による管理理事会統治を決定していた。後述する米占領区の「ニュルンベルク継続裁判」はこれに該当する。

第三は各国の法にもとづく裁判である。とりわけナチ・ドイツが占領した国の法に違反した戦争犯罪人は、かつての占領国に戻されて判決を受けることになった。

ニュルンベルク国際軍事裁判

ニュルンベルク裁判は、米英仏ソの連合国が、「ヨーロッパ枢軸国の主要戦争犯罪人追及および処罰に関する協定」（一九四五年八月八日）を結び、国際軍事裁判憲章を制定し、ナチ・ドイツの最重要人物と認定した二二名に対して、国際軍事裁判所の管轄に属する犯罪（憲章六条）としてa項／平和に対する罪、b項／通例の戦争犯罪、c項／人道に対する罪を問うものだった。

ニュルンベルク国際軍事裁判で死刑判決を受けた12名

ヘルマン・ゲーリング	軍備総責任者
ハンス・フランク	ポーランド総督
ヴィルヘルム・フリック	内相
エルンスト・カルテンブルンナー	国家保安本部長官
ヨアヒム・フォン・リッベントロップ	外相
アルフレート・ローゼンベルク	東部占領地域相
アルトゥール・ザイス＝インクヴァルト	オーストリア全権／オランダ民政長官
フリッツ・ザウケル	労働動員全権
ユーリウス・シュトライヒャー	反ユダヤ主義新聞発行者
マルティーン・ボルマン	ナチ党官房長
アルフレート・ヨードル	国防軍統合司令部作戦部長
ヴィルヘルム・カイテル	国防軍統合司令部長官

註：ボルマンは行方不明で欠席裁判．ヨードルとカイテルはユダヤ人虐殺犯罪ではなくソ連軍のコミッサール殺害を特に問われた

この裁判の特徴を簡単に述べれば、いままで国際法に存在しなかったa・c項を設けたことである。そのうえで第一に、abcの犯罪のいずれかを犯そうとする共通の計画または共同謀議の立案・実行に参加した指導者たちを厳しく追及することになった。第二にホロコーストと密接に関わるc項――戦争行為とはいえない一般住民に対する人種・民族・宗教・政治を理由とする迫害・殲滅に対して、人道に対する罪を問うたことである。ここにナチ人種政策、とりわけユダヤ人絶滅政策に関与した指導者たちの責任が追及された。

後者についてのみ述べれば、責任を問われるべきヒトラー、ヒムラー、ゲッベルスは自殺し、ハイドリヒは暗殺されていた。結果、裁判ではこのc項に該当した上表の一二名が絞首刑判決を受けた。ニュルンベルク裁判で絞首刑判決を受けた被

告にa・b項が必ずしも該当しなくても全員c項相当と断罪された。

同じくc項に該当したバルドゥール・フォン・シーラハ（ヒトラー・ユーゲント指導者・ウィーン大管区指導者）は禁固二〇年、アルベルト・シュペーア（軍需生産相）も禁固二〇年、コンスタンティーン・フォン・ノイラート（外相、ベーメン・メーレン保護領総督）は禁固一五年の刑を言い渡されている。

戦後直後から、ホロコーストの全体像の解明はあまり進んではいなかったとはいえ、厳しい判断が下されたといえる。

またニュルンベルク裁判では、親衛隊、ナチ党指導者団、ゲスターポ（秘密国家警察）・保安部（国家保安本部の二つの中心組織をセットにした）の三つを「犯罪組織」と断定した。

継続裁判

米軍占領下のニュルンベルクでは、国際軍事裁判に引き続き、一九四六年一〇月二五日～四九年四月一四日まで、管理理事会法第一〇号にもとづき、米軍政府が一二の「ニュルンベルク継続裁判」を開廷した。

この継続裁判では、親衛隊、警察、大企業、官庁、司法、医学界の代表など一七七名が被告とされ、国際軍事裁判以上に人道に対する罪の追及が焦点となった。また、先に挙げた三

親衛隊
ナチ党指導者団
ゲスターポ

つの犯罪組織の構成員であったか否かの事実が問われた。

一二の継続裁判のなかには、諸官庁の犯罪が問われた第一一号事件のように、財務大臣はじめ国際軍事裁判と同ランクの元閣僚が被告に多数含まれる裁判（この裁判でヴァンゼー会議の概要も初めて判明）もあったが、特にホロコーストに関わるものは次の五つだった。第一号事件――強制収容所での人体実験などが問われた医師裁判。第四号事件――親衛隊経済管理本部による収容所管理・大量虐殺が問われたポール裁判。第六号事件――巨大化学コンツェルンによるアウシュヴィッツ・モノヴィッツでの強制労働者の搾取・酷使が問われたIG《イーゲー》ファルベン裁判。第一〇号事件――第六号同様に巨大鉄鋼企業クルップ裁判。第九号事件――オーレンドルフなどによるポーランド・ソ連でのユダヤ人大量殺戮が問われた行動部隊《アインザッツグルッペン》裁判である。

一連の判決では、計一二六名の被告が人道に対する罪で有罪とされ、二四名の被告に死刑判決が下され、一九五〇年六月までに一八名が処刑された。だが、翌一九五一年一月末に、冷戦という国際情勢の変化を受けて、米占領文官トップである高等弁務官が特赦令を発し、かなり多数が減刑されている。

アイルドルフ・アイヒマン

ポーランドでのヘースの処刑

各国の法にもとづいて裁かれた代表的人物として、アウシュヴィッツ絶滅収容所の司令官だったルードルフ・ヘースがいる。戦後、ヘースはドイツ北部に潜伏していたが、一九四六年三月英軍憲兵隊に逮捕された。ニュルンベルク裁判には、国家保安本部長官カルテンブルンナーのための被告側証人として出廷、さらに継続裁判ではポール裁判、IGファルベン裁判の検察側証人として出廷し、いずれの裁判でも決定的な供述を行った。

その後、ヘースはポーランドに送られる。いうまでもなく同地のユダヤ人をアウシュヴィッツで大量殺戮したからである。ポーランド最高人民法廷はヘースに死刑を言い渡し、一九四七年四月一六日、ヘースはアウシュヴィッツでかつて自らの館だった跡地で絞首刑に処せられた。

追及

第二次世界大戦開始直後に成立し、行動部隊《アインザッツグルッペン》指揮官を輩出した国家保安本部は、大ドイツ国家領域、占領地の治安機能の要であったが、約三〇〇名いたスタッフの三分の二が三六歳以下であり、他のエリートと比べ著しく若かった。

その代表的人物であり、「机上の殺人者」の典型といわれたのがゲスターポ・ユダヤ人問題課長アードルフ・アイヒマン親衛隊中佐である。彼は一九六〇年、逃亡先のアルゼンチンでイスラエル情報機関に拉致され、イェルサレムでの裁判後六二年に処刑された。

この裁判は世界中で注目されたが、ドイツ各地の「小アイヒマン」は訴追されても無罪放免とされるケースが多かった。なお管理理事会法第一〇号にもとづく継続裁判は英仏ソ各占領区でも展開された。英占領区では一〇八五名が裁判にかけられ二四〇名が死刑に、仏占領区では二一〇七名の被告中一〇四名に死刑判決が下された。ソ連地区では五万名が起訴され約四万五〇〇〇名が有罪判決を受けている。そのうち三分の一がソ連に連行され強制労働に従事させられた。残りは東ドイツ内の収容所に入れられた。もちろんホロコースト関係だけではない。

一九九二年まで西ドイツの裁判所は、ナチ犯罪に関して一〇万名以上を起訴し、一万三〇〇〇件以上が裁判にかけられ、六四八九件の有罪判決を下した。そのうち最高刑である終身刑は一六三件である。また一九五八年にすべての州の検察官が集まり組織されたルートヴィヒスブルクの「ナチ犯罪追及センター」は、四八五三件の立件を行っている。ただし西ドイツの裁判では、罪刑法定主義の点から「人道に対する罪」は適用されなかった。

だが、ホロコーストをめぐる裁判は、刑法の虐殺規定によって、息長く行われた。トレブリンカ看守訴訟事件（一九五九〜六五）、マイダネクとアウシュヴィッツの親衛隊裁判（一九

1933年
ヒトラー政権

六〇～七九、一九六三～六四)、ソビブルついでトレブリンカの司令官となったフランツ・シュタングルに対する絶滅収容所裁判（一九七四～七五）も精力的に展開された。ドイツの検察陣は、ナチスの過去と対決し、ナチ犯罪の証拠を固め、犠牲者の苦しみを忘却させず、正義を求めるという原則を維持している。

なぜ、そしていつからか

さて、ヨーロッパ・ユダヤ人の絶滅政策にいたったホロコーストはなぜ行われたのか、どのように実行されたのか。戦後、こうした研究は、歴史学のなかで途切れることなく続けられている。

歴史家のなかで、アードルフ・ヒトラー個人のイデオロギーに内在するユダヤ人への憎悪がきわめて重要であることを否定する者はいない。反ユダヤ主義こそヒトラーの世界観の核心とみなす者も多い。また、ナチ指導部内やナチ体制の政策で、反ユダヤ主義が非常に重要だったことを否定する者もいない。問題は、ホロコーストにいたる過程で、それぞれの要因が、どの程度の比重を持っていたかである。

たとえば、ヒトラー個人のユダヤ人への憎悪と、ナチ体制の反ユダヤ主義、ドイツ国民全体のユダヤ人に対する態度とのあいだに、どのような結びつきがあったか。どのような差があったか。また、一九三三年にヒトラーが政権を掌握して以降、ドイツにとって反ユダヤ主義とユダヤ人排除が、どのような役割を演じたのか。そして、反ユダヤ主義政策が、最終的にヨーロッパ・ユダヤ人の絶滅政策にまでエスカレートしたのはなぜかといった問題である。

ヒトラーがユダヤ人政策の決定で鍵となる役割だったことに異議を唱える歴史家はほとんどいない。だが、ヒトラーがどの程度事態を正確に把握し、どの程度ユダヤ人政策を主導したかについては、見解が分かれている。さらには、包括的な大量虐殺が、ナチスのユダヤ人政策の最終目的であると、いつ決定したのかについても、さまざまな見解・解釈がある。

特に決定時期については、史料がわずかしか発見されておらず、議論は依然続いている。ヒトラーがユダヤ人政策については口頭での直接命令を好み、同時に特別な方針を命ずるより、部下が主体的に動いてくれるよう仕向けることをよしとしたからである。したがって、歴史家の見方も推論になりがちなことは否めない。

以下、戦後ホロコースト研究が、どのように進んでいるのか、またどういった考え方があるのか、概括的ではあるがまとめてみる。

意図派

まず、ホロコーストを推進した中心は何かである。

これについては、ヒトラーのユダヤ人への憎悪、ドイツ民族がユダヤ人によって汚染されるといった独断《ドグマ》から、早い段階でユダヤ人問題の「最終解決」は根絶だったとする考えがある。あくまでヒトラー個人のイデオロギーを重視し、戦争はただユダヤ人絶滅を実行する口実を与えたにすぎなかったとする。

研究者としては、ドイツのエーバーハルト・イェッケル（シュトゥットガルト大学名誉教授）、ヨアヒム・フェスト（『フランクフルター・アルゲマイネ』紙編集人）、ゼバースティアン・ハフナー（イギリスで活躍したドイツ人ジャーナリスト）。英米ではルーシー・ダヴィドヴィッチ（YIVO〈イッディッシュ学〉研究所研究員）、ジェラルド・フレミング（サリー大学講師）、リチャード・ブライトマン（ハーヴァード大学教授）などである。

彼らは、ヒトラーの書物や演説のなかから反ユダヤ主義を取り出し、それが国民規模で広がったとし、ヒトラー中心史観に立つ意味で「意図派」、あるいは長期計画という意味で「プログラム学派」と呼ばれる。

また、広義の意図派として、反ユダヤ主義のルーツをドイツの過去に遡って求め、最終的にヒトラーの考えるナチ絶滅政策に帰着したといった見方もある。第二次世界大戦終了直後には、たとえば「ルターからヒトラーへ」、「ヴァーグナーからヒトラーへ」、「ロマン主義からヒトラーへ」といったタイトルの研究が頻繁に見られた。

これについては、ヒトラーから少し離れるが、一般のドイツ人全般を含めた考え方もある。近年、アメリカの政治学者ダニエル・ゴールドハーゲンが『普通のドイツ人とホロコースト——ヒトラーの自発的死刑執行人たち』で唱えたもので、ドイツは第二帝制期からすでに悪性の反ユダヤ主義に染まっており、ドイツ社会はユダヤ人の除去を求めていたとし、それをゴールドハーゲンは「絶滅志向の反ユダヤ主義」と呼んでいる。

ゴールドハーゲンの見方に立てば、一般のドイツ人もまた本来ユダヤ人の絶滅を志向していたので、彼らが自発的にホロコーストの執行者になったことになる。この説についてはさまざまな反論も行われ、「ゴールドハーゲン論争」と呼ばれ話題になった。

機能派・構造派

意図派のヒトラー中心史観に対して、ナチスのユダヤ人政策の紆余曲折と先鋭化を強調し、当初から殲滅戦と設定したソ連侵攻後初めてユダヤ人大量殺戮を選択したとみる考えがある。ユダヤ人問題の「最終解決」を手探りしていたナチ党指導部やナチ体制の官僚、テクノクラートが、他の選択肢が失われ、試行錯誤を重ねることによって、一つの民族全体を抹殺できる技術を開発し、採用されたという見解である。

研究者としては、マルティーン・ブローシャート（ミュンヒェン大学名誉教授、現代史研究所所長)、ハンス・モムゼン(ボーフム大学名誉教授)、ウーヴェ＝ディートリヒ・アーダム(テュービンゲン大学教授)、フィリップ・ビューラン(ジュネーヴ国際高等研究所所長)、クリストファー・ブラウニング(ノースカロライナ大学教授)、ゲッツ・アリー(『ベルリン新聞』編集人)などがいる。彼らは、ナチ体制の機能・構造からユダヤ人問題の「最終解決」が絶滅政策になったという考えであり、「機能派」「構造派」と呼ばれる。

彼らは意図派について、あまりに狭い単純なイデオロギー固着史観であり、絶滅政策に辿り着くユダヤ人政策の曲折、複雑なプロセスを真に理解する方法にはなり得ないと主張する。もともと、機能派・構造派は、時代を経ることによって、単純なヒトラー中心史観の脱却から生まれたともいえよう。では、その嚆矢《こうし》ともいえるブローシャートの見方から、機能派の誕生と展開を説明しよう。

ブローシャートの登場

一九七七年、デイヴィッド・アーヴィングという英国人歴史家による『ヒトラーの戦争』がドイツ国内でベストセラーになっていた。この本はユダヤ人の大量虐殺にヒトラーはまったく関与していなかったとし、虐殺はヒトラーの知らないところでヒムラーたちによって密かに行われたと主張していた。アーヴィングのこの「修正説」は、当時強かったヒトラー中心史観である意図派のホロコースト説に飽きつつあった人びとに新説として喧伝され、人気を呼んでいた。

これに対して、当時ミュンヒェン現代史研究所所長を務めていたブローシャートは強い違和感を持つ。ブローシャートはドイツの過去と対峙しながら社会の自己啓蒙という課題に取り組み、当時高く評価されていた研究者である。そして、『ヒトラーの戦争』を徹底的に反証し、ユダヤ人絶滅政策はナチ体制の無計画で即興的性格によって生み出されたという「ヒトラーと『最終解決』の発生」を『現代史季報』で発表した。

ブローシャートは、ユダヤ人の絶滅政策が、情況に制約されるなか混乱や競合を特徴とするナチスのさまざまな行政機関によって定まったとする。ソ連侵攻初期にベルリン中央の緩慢な動きに現地の意思決定者たちは苛立《いらだ》ちさえみせ、成果を達成しようとユダヤ人の虐殺競争を激しくさせていった。これが絶滅政策に向かう契機になったというのである。ブローシャートは、特に現地の意思決定者たちのイニシアティヴが、一九四二年のあいだに絶滅政策を発動させ、ヨーロッパ全体に及ぶ命令に拡大させていったとした。

「ヒトラーと『最終解決』の発生」は、修正主義を否定すると同時に、ヒトラー中心史観の意図派を超えた見解となり、ドイツのみならず世界で、ホロコーストのその後の議論に大きな影響を与える。

このブローシャート論文の発表後、彼の体制像、ナチ行政機構内部の混乱・競合という考えを踏襲しつつ、批判をする新しい機能派としてブラウニングやザウル・フリートレンダーが出てくる。彼らは、ブローシャートの各地方のイニシアティヴ重視という解釈を一面的と批判し（特にブラウニングは、中央と現地の複合的動きに注意しつつ）、ユダヤ人問題の「最終解決」の決定的推進力は、やはり中央、つまりはヒトラー自身であるとする見解に立つ。

意図派と機能派の対立は、その後やや固定化されてしまい現在では「不毛の論争」になったという指摘もある。だが、ホロコーストが、全体主義・ファシズムの一つの副次現象として軽視されがちだったなか、体制の特徴として解明されるべきものであるとした点で、論争は重要な意味があった。

また、全体主義論・ファシズム論では、ナチ体制に特有の「多頭支配《ポリクラシー》」や権限のカオスはとらえきれなかったが、ホロコーストの政策決定の研究を通して、こうしたシステムについて認識されるようになってきた。

絶滅政策の決定はいつか

では、ヨーロッパ・ユダヤ人全体を絶滅させるという原則的決定は、いつ行われたのか。意図派は、当初よりヒトラーが思い描いたまま実行したとする。だがヘルムート・クラウスニック（アウシュヴィッツ裁判に鑑定書を提出した現代史研究所の重鎮）のように「バルバロッサ作戦」の計画段階を重視し、一九四一年三月に絶滅政策が選択されたという主張もある。

また、セバースティアン・ハフナーの一九四一年一二月説もある。彼の主張が展開された『ヒトラーとは何か』（一九七八）は、当時の西ドイツでベストセラーになったが、このなかで、独ソ戦開始後半年も経たない一九四一年一一月末、ドイツ軍のモスクワ攻勢が失敗（一二月五日ソ連軍反攻、八日ヒトラー、モスクワ攻略放棄）した時点で、ヒトラーが戦争全体が暗転したのを直感し、もう一つの目標であったユダヤ人絶滅に邁進《まいしん》するようになったという。

ハフナーによれば、ヒトラーの目標はソ連を壊滅させ東方にドイツ民族の生存圏を獲得すること、ユダヤ人を絶滅させることだったという。前者の実現が難しくなりつつあるなか、敗戦を迎えるまでに後者を実現しようと判断したのだという。

ハフナーは、日米開戦にも言及している。イギリス、ソ連と戦争継続中に日本が開戦したとはいえ、ドイツは開戦の義務はなかった。それにもかかわらず、アメリカに宣戦布告したのは理解しがたいとしながらも、ハフナーは、モスクワ攻勢失敗が予期させた戦争全体の敗北を、ヒトラーが対米宣戦布告によって不可避にしたことだけはたしかだとする。そのうえで、ヒトラーは以後、勝利のための創造的な政治・軍事的行動をやめ、明らかに戦争行為ではないユダヤ人絶滅政策達成の実現を目標に据えたというのである。

それから約二〇年後、あらためて一九四一年一二月説が提起される。一九八〇年代後半、東欧・ソ連で大変動が起こり、一九九〇年にドイツが統一されるなか、数多くの史料が開示されたが、こうした史料を用いた研究が続々登場するなかで現れたクリスティアン・ゲルラハ（現ピッツバーグ大学准教授）からである。

ゲルラハは、意図派とは言い切れないが、ヒトラーが決定したと主張する。新発見のヒムラー勤務日誌などを利用し、"Die Wannsee-Konferenz, das Schicksal der deutschen Juden und Hitlers politische Grundsatzentscheidung, alle Juden Europas zu ermorden"（「ヴァンゼー会議、ドイツ・ユダヤ人の運命、ヒトラーによるヨーロッパ・全ユダヤ人殺戮の政治的原則決定」）を発表する（ドイツの社会史専門誌『歴史工房』一八号、一九九七年一一月）。そのなかで、ヒトラーが一九四一年一二月一二日、新首相官邸にナチ党幹部を集めて行った演説をヨーロッパ・ユダヤ人絶滅の原則的決定だとし、反響を呼んだ。

ヒトラーは、一九三九年一月三〇日の国会演説で、「もしヨーロッパ内外の国際ユダヤ金融勢力が諸国を再び世界戦争（傍点筆者）の淵に突き落とすことに成功するようなことがあれば、その帰結は全世界のボリシェヴィズム化とユダヤ人の勝利ではない。むしろヨーロッパ・ユダヤ人種の絶滅に終わるであろう」と発言していた。ゲルラハは、ヒトラーが一九四一年一二月一一日の国会演説で、アメリカに対する宣戦布告を明らかにした際、「ドイツにとっていまや戦争は世界戦争（傍点筆者）になった。これによって一九三九年一月の演説通りの状況が現れた」と述べた点に注目している。ヒトラーはこの演説で「ローズヴェルトの背後にユダヤ人戦争推進勢力がいる」とも発言している。また、宣伝相ゲッベルスやポーランド総督フランクの一二月演説直後の日記からも、ユダヤ人絶滅の段階にきたという事態について、ヒトラーと彼らの共通認識を確認できるという。

一方で機能派はどうであろうか。たとえば、ビューランはヒトラーが一九四一年夏、すなわちソ連に対する緒戦の勝利の喜びに沸き立っている最中に決定したとする。また、アーダムのように、ドイツが対ソ戦に早期勝利を達成し得ないとヒトラーが悟った一九四一年秋に、決定的に踏み込んだとする。

同じく機能派に括《くく》られるブラウニングは、二つの重大な決定から行われたと主張する。第一の決定は、一九四一年七月半ば、ソ連ユダヤ人の抹殺を要求したものであり、特に占領したソ連各地域へ派遣した通常警察へのヒムラーの特電命令を重視する。

第二の決定は一〇月初め、ウクライナでのドイツ軍の大勝利やモスクワをめざすドイツ国防軍の快進撃に続いて、ドイツ本国から東部への強制移送がヒトラーによって承認されたときである。

また、ゲッツ・アリーは、主著『最終解決——民族移動とヨーロッパのユダヤ人殺害』でユダヤ人絶滅政策と強制的な民族移住政策が密接に連関しているとする。ポーランド占領後、民族ドイツ人をドイツの東部編入領に「帰還」させることを目論み、土地確保のためにポーランド人、ユダヤ人を追放する。それ以降、特にユダヤ人の「最終解決」は、ナチ体制の権力エリートたちによる場当たり的な政策とその破綻・焦りが絶滅政策のきっかけだったとする。そのうえで民族移住政策の発端である独ソ不可侵条約の締結時を絶滅政策の起点とする。

アリーは、特にヒトラー、ヒムラー、アイヒマンだけを悪魔視するホロコースト観に強く再考を促している。またハンス・モムゼンのように、いつ最終的な決定がなされたとはいえないという、「累積的急進化」という表現で絶滅政策の始動を説明する者もいる。いずれにせよ機能派も、研究者によってさまざまな見解、ニュアンスの違いがある。

ヒルバーグの先駆的研究

ここで、こうしたさまざまな議論以前に公刊されながら、ホロコースト研究自体にあまり目が向けられず、意図派がすべてだった時代に発表された研究に触れておこう。ここに機能派の萌芽もある。

それは一九六一年にアメリカで上梓された政治学者ラウル・ヒルバーグの大著『ヨーロッパ・ユダヤ人の絶滅』*The Destruction of the European Jews* である。ウィーンで生まれ育ったヒルバーグは、一九三九年ナチスの迫害からアメリカに亡命し、四四年に帰化していた。ヒルバーグのこの著作は、ニュルンベルク裁判で検察官・裁判官が十分に使いこなせなかった厖大な文書記録を博捜してまとめられた野心作であった。加害者側がその「独創的」絶滅システムをどのように「開発」していったか、組織・法制・広義の官僚制の役割を軸に、国家総体としての犯罪過程をこれほど精緻《せいち》に記述した書はその後も見られないといってもいいほどである。

ヒルバーグは、ホロコーストが近代技術官僚制から生まれた何千という措置・法律による一連の行為から成り立っているとし、ナチ体制の広義の官僚制を絶滅機構（machinery of destruction）ととらえ、そのメカニズムと展開を詳細に調査した。

そのうえで絶滅政策は基本的計画が当初からあったわけではないとし、絶滅に加担した行政官・官僚は、一歩以上先を考えることはできなかった。絶滅機構もさまざまな寄せ集めの集合体であって、全行程を委ねられる独占的官庁はなかった。絶滅政策は広範な行政の仕事となり、一歩一歩自らの課題を解決していったのであって、決定の推進・実行もかなりその掌中にあったとする。

ヒルバーグは、ホロコーストという重大な犯罪を認識するうえで、ユダヤ人を絶滅させる苛酷な任務を課されたドイツのテクノクラートと普通のドイツ人を区別するべきではないと強調する。むしろためらう者がわずかで脱落者がほとんどいなかった点を歴史的に意味づけることが大切だとする。

ドイツ国内の嫌悪

一九六〇年、ドイツ敗戦後アルゼンチンに逃れていたアードルフ・アイヒマンがイスラエル情報組織に捕まり、翌年イェルサレムで裁判が行われる。このアイヒマン裁判は大きな話題となったが、哲学者ハンナ・アーレントはこの裁判報告として『イェルサレムのアイヒマン』（一九六四）を著して大きな反響を呼んだ。従来、この著作はヒルバーグの研究成果に依拠したところが多いと指摘されてきた。

ようやく、ヒルバーグの『ヨーロッパ・ユダヤ人の絶滅』のドイツ語版が出されたのは、英語版の二一年後、つまり一九八二年である。それまでドイツはもとより各国で正当な扱いを受けてこなかった。そこにはホロコースト研究につきまとう政治的・社会的問題が背景にあった。

戦後の奇跡の復興、発展を遂げた西ドイツは、ナチ体制との断絶を強調してきたが、官僚を中心に連続性を保ってきたのが実情であった。ホロコーストが国家総体としてなされた犯罪であるというヒルバーグの枠組みを受け入れるには強い抵抗感があったのである。だが、現在ではヒルバーグの考えが広く受け入れられるようになってきた。

虐殺はどのように行われたのか

一方で、ヒルバーグの大著『ヨーロッパ・ユダヤ人の絶滅』のドイツ語版が上梓されて以降、研究者のあいだでは、ホロコーストが「なぜ」行われたのかという問題以上に、「どのようにして」行われたのかについての関心が強くなっている。

ヒルバーグは、ナチスが何百万人という人びとを殺害するために近代国家の資源を動員できたのは、どのような方法だったのか本格的に検討する先鞭《せんべん》をつけた。この問題に関心を持つ研究者は、官僚制が行った虐殺の規模・範囲と、その底に広がるドイツ社会、ヨーロッパ社会の関与に目を注ぐようになった。

ヒルバーグの「絶滅機構」という概念は、意思決定者からは独立してはたらく、強力な非人格的なマシーンをイメージさせる。彼は「絶滅機構」について、ドイツから亡命したコロンビア大学教授で『ビヒモス――ナチズムの構造と実際』（一九四二）の著者フランツ・ノイマンの影響を強く受けたという。

近年、絶滅機構についての研究は、虐殺の過程の精査とともにかなり進んできている。箇条書きになるが、次のような個別的研究が具体的に行われ、発表されている。

ヘルムート・クラウスニックとハンス＝ハインリヒ・ヴィルヘルムの行動部隊《アインザッツグルッペン》の研究、ロバート・ケールのドイツ民族強化全権幕僚部の研究、ルート＝ベッティーナ・ビルンの親衛隊・警察高権指導者研究、ゲアハルト・パウルとクラウス・M・マルマンの戦時ゲスターポ研究、ミヒャエル・ヴィルトの国家保安本部の研究、マルティーン・キュッパースの武装親衛隊・ヒムラー幕僚司令部の研究など、一連の親衛隊関連研究、ユルゲン・フェルスターとロルフ・ディーター＝ミュラーの対ソ戦国防軍研究などである。

ナチ体制下の「世論」

もう一つ脚光を浴びている研究は、ナチ体制下、一般市民はホロコーストについて、どの程度、認識していたのかという問題である。

近年、ナチ体制下における世論の研究によって、ナチ体制は一枚岩の体制でなく、ドイツ社会もまた、同質的・一元的社会ではなかったことが明らかになってきている。民主主義を破壊したナチ体制も、国民各層のムードや住民活動を把握する必要があった。

ナチスは、親衛隊情報組織（保安部ＳＤ）とゲスターポ（秘密国家警察）が、さまざまな社会にエージェントやスパイを持ち、恒常的に情報が集まるシステムを早くから構築していた。また、ナチ党各組織や自治体レベルでもさまざまな情報収集が行われていた。

そこで集まった報告書などの資料は、戦後長らく忘れ去られ、最近ようやく当時の社会を明らかにする史料と認識されるようになってきた。これらによって、当時のドイツ社会がユダヤ人に対し、またナチ体制の反ユダヤ主義政策に対し、どのような態度・反応を示したか明らかになってきている。

当時、監視の対象の中心は、マルクス主義者、自由主義者、教会、保守的反対派、そしてユダヤ人だった。特にユダヤ人については、国内のさまざまな集団・階層の態度と政府によるユダヤ人政策に対する反応をつねにチェックしていた。

民主主義の手続きが破壊されたナチ体制下の民意をどうとらえられるのかは難問だが、こうした世論分析の泰斗オットー・ドフ・クルカの最新の研究によれば、戦前、世論の大部分は、ニュルンベルク法などの人種立法を、社会的・文化的・生物学的な隔離政策として必要なものとみなしていた。その背景には、こうした法によって社会の秩序を守ることができれば、暴力的解決を要しないという意味もあった。そこには、過激化するナチ党の一部組織、突撃隊への違和感があった。

もちろん、宗教的・社会的・経済的理由から、特にマルクス主義者、リベラルな知識人、教会、企業の代表者から公然の批判もあった。

ホロコーストとドイツ一般市民

こうした世論報告で特に指摘したいのは、受動的で何の反応も見せなかったとされるドイツの一般住民の反応である。

戦時期のナチスのプロパガンダは、戦争に付随する問題について、ユダヤ人がそもそも原因であると断罪するものが目立つ。この時期、障害者の「安楽死」殺人に対して抗議した住民も、ユダヤ人への措置に対しては、沈黙するか無反応であった。また、戦争初期には、占領地のみに実施された措置、たとえば星印を縫いつけた衣服の着用義務などを聞きつけた住民のなかには、ドイツ国内でもっとラディカルな施策を望む声もあった。

戦争が長期化すると、行政の腐敗、食糧供給、政府の対外政策、日常生活など、あらゆる分野で、あらゆる階層から不満の情報が無数に上がってくる。だがユダヤ人政策についての反応を伝える報告は、あまりない。

ところが、一九四三年二月、ソ連戦線スターリングラードの戦いで壊滅的敗北を喫すると、東部でのユダヤ人大量虐殺の報復として、ソ連軍下のドイツ人捕虜が処刑されるという不安が多くの都市で語られているという報告が増える。のちには大量強制移送や東部での絶滅政策に対する批判も多少ながら出てきており、ドイツへの連合国による無差別爆撃についても、東部占領地域の政策に対する報復という脈絡で受けとめる住民も増えていった。

従来、ドイツ国内の多くの人びとは、アウシュヴィッツに象徴されるユダヤ人の絶滅政策について知らなかったという見方が少なくなかった。だが、近年の世論報告の分析によって、東部地域の情報は一般住民のあいだにも伝わっていたと考えられている。そしてほとんどのドイツ人住民がユダヤ人の絶滅政策に対しては受動的な態度しかとらず、その多くが沈黙したのであった。

こうした態度については、現在二つの解釈が提起されている。一つは、知ろうとしない、知りたくないという意味での無関心である。もう一つは、政策に対する同意、あるいはナチ体制との暗黙の合意である。もちろん、世論報告の分析だけで事実が明確になるわけではないが、いずれにせよ、ドイツ人のある程度は、気づいていたのである。

遅れた解明

ドイツは近代歴史学の祖といわれる歴史家レオポルト・フォン・ランケをはじめ、一九世紀には歴史主義の基礎を築く、ヨーハン・グスタフ・ドロイゼン、フリードリヒ・クリストフ・ダールマンなど大歴史家を輩出してきた。だが、そこで扱われるテーマは、ほとんどが外交と戦争を中心にした国家史であった。ナチ・ドイツの歴史をめぐっても、外交史を王道とする伝統的立場を保持する歴史家が現在でも少なくない。

そうした伝統的な歴史家からみれば、ナチ・ドイツのユダヤ人政策が、現代史研究の一大焦点となり、特にホロコーストという大量殺戮が関心の的になっていることは、驚くべき事態だろう。さらに、国民の態度・行動など、ホロコーストを可能にした条件を明らかにする研究自体考えられないことだったに違いない。

ランケの衣鉢を継ぐ歴史家フリードリヒ・マイネッケ（一八六二～一九五四）が第二次世界大戦直後、『ドイツの悲劇』（原題『ドイツの破局』〈一九四六〉）という現代史を記しながら、まったくホロコーストに言及しなかったのは、ある意味では象徴的であった。

たしかに、ホロコーストの研究は、一連の戦争裁判が終わった頃から少しずつはじめられてはいた。だが、ナチ体制とその戦争の問題についてホロコーストがこの時代の核心的出来事として焦点になってきたのはようやく一九九〇年代になってからである。しかしながら二一世紀を迎え、二〇世紀半ばの「ドイツの破局」に対する世界の人びとの歴史的関心を惹きつけてやまないものは、ヨーロッパ・ユダヤ人に対するジェノサイドの問題になってきている。

第二次世界大戦前のヨーロッパには、構造的・文化的共通性があった。だが、それがいま失われつつある。そのなかで共通の記憶を考えたとき、大戦中のホロコーストの記憶ではないかという認識が広まりつつある。

ホロコーストにまつわる記憶は決して均質ではないが、ヨーロッパ各国・各地域に遍《あまね》く存在する。そしてそこには、犠牲者の追憶や人間の尊厳の回復への強い願いが見られる。

戦後、構造的・文化的共通性は稀薄になったが、一方でヨーロッパ共同体（EC）からヨーロッパ連合（EU）へと、新しい政治的統合が模索されている。そのなかでヨーロッパの人びとは、ホロコーストの記憶が、新しい歴史的記憶の重要なモデルになり得るのだと考えているのではないだろうか。

あとがき

ホロコーストの犠牲者は六〇〇万人を超えるが、そのなかには一〇〇万人を超える子どもたちが含まれている。以前、『星をつけた子供たち』（デボラ・ドワーク著）の翻訳を監修したとき、胸を衝《つ》かれたのは、ホロコーストをかろうじて逃れ、生き残った子どもたちの証言である。

両親とともに戦争が終わるまで潜伏した一五歳の少女、労働収容所での死の「選別」を免れた一四歳の少年、ゲットーでの飢餓や栄養失調による衰弱死をかろうじて免れた一三歳の少年、そして、ユダヤ教徒であることを隠し、キリスト教徒の家に預けられ助かった一一歳の少女……。極限状況を生き抜いた彼らの証言は、殺されていった子どもたちの声でもある。

なかでも八歳でキリスト教徒に預けられたヤナ・レヴィの言葉は心に残る。

自分の本名が何であったのか、もう憶えていませんでした（中略）忘れることが必要だったので、本当に忘れてしまったのです。両親がいまの私の名前を知らなかったら、私を見つけ出せないことはわかっていました。他の人間になりきってしまったら、その下に潜んでいたはずの私のことは誰一人わからないのです。

自らのアイデンティティを消し去ってはじめて、生きることが許される。ナチ体制下のユダヤ人は、子どもでさえ、筆舌に尽くせない苛酷な状況にあった。

ホロコーストは、一九九〇年代以降、歴史学で大きく取り上げられるようになり、それとともにドイツではヘブライ語でホロコーストを意味する「ショアー」が使われる機会が多くなってきている。かつてホロコーストは、ヒトラーをはじめヒムラー、ゲッベルス、ハイドリヒ、アイヒマンなど、ナチ指導者たちの責任論で片づけられることが多かったが、現在では一般ドイツ人を含む広範囲の人間の社会的な問題と認識されつつある。首都ベルリンの中心地区（ブランデンブルク門からポツダム広場に向かうあたり）には、コンクリートの角石二七一一個の群から成る広大なホロコースト警鐘碑（正式名称は「虐殺されたヨーロッパ・ユダヤ人のための慰霊追悼碑」）広場が設けられている。その下には歴史ミュージアム（名前の判明した三五〇万人の犠牲者の「情報センター」も兼ねている）が設置され、ドイツ人の現在のホロコースト認識の一端を見せている。

近年、映画『戦場のピアニスト』上映に際して、この映画で描かれたようにドイツ国防軍将校のなかで、ユダヤ人を助けた者はどの程度いたかが問題になった。実際の調査でわかったのは、動員された国防軍兵士の累計が一五〇〇万人、助けられたユダヤ人は約一〇〇人という結果であった。

ひところのハリウッド映画でも悪逆の親衛隊将校と名誉・品格を重んじる国防軍将校とを対照的に区別して描いており、日本人のなかにも両者を対比イメージでとらえている人も少なくない。だが、絶滅政策に対する国防軍の対応にも重大な問題があったのである。最近のドイツでは、ユダヤ人に対する犯罪という点で国防軍も親衛隊と遜色《そんしょく》なかったと認識されつつある。

*

本書は、ホロコーストの全体像を描くことを目的に、ナチ体制という加害者側から見た虐殺にいたる過程と殺戮の様相を記している。

すでに日本でも、栗原優『ナチズムとユダヤ人絶滅政策』、永岑三千輝『独ソ戦とホロコースト』『ホロコーストの力学』、松村高夫・矢野久編『大量虐殺の社会史』といった優れた専門書が発表されている。また石田勇治東京大学大学院教授の主宰による日本学術振興会新事業《人社プロジェクト》「ジェノサイド研究の展開」（ＣＧＳ）で、二〇〇三年から特に若い研究者たちによる精力的な取り組みが見られる。

これまで筆者は、武装親衛隊やニュルンベルク戦犯裁判の研究を通して、またいくつかの翻訳・監修を通じてホロコーストの問題に接してきた。本書をあえて記したのは、映画などで断片的なホロコーストの情報があふれるなか、多くの人に向けて、基本的事実の整理、重要なポイントの把握、事態の連関の発見などをいささかでも提供できたらとの思いからである。

その分、最近の歴史学で大きく議論されるヒトラーの決定的指令の存在、時期をめぐる議論については、終章で整理するにとどめている。また、残念ではあるが、ゲットーや収容所内でのユダヤ人の果敢な抵抗やアウシュヴィッツ絶滅収容所での人体実験などにはほとんど触れていない。とりわけ、犠牲者側のホロコーストへの対応については、ユダヤ人のあいだでも圧倒的多数の人びとがどうして無抵抗に殺害されたかをめぐってさまざまな議論がある。さらには、デンマークのようにナチ占領下にありながら、七〇〇〇人を超えるユダヤ人のほとんどを救った事実についても述べることができなかった。デンマークは、ハイドリヒに次ぐ国家保安本部高官ヴェルナー・ベストがトップに君臨していた地である。彼はデンマークで戦後戦犯裁判を受けたが生き延び、ドイツでは処罰されず、親衛隊将校有罪犯の釈放運動を推進した。その後もしたたかに生き、一九八九年に八六歳で死んでいる。

もちろん、筆者なりに本書でこだわった部分もある。最初の大規模なユダヤ人の強制移送はナチス占領下のポーランドではじまったが、その一地域ヴァルテガウ（国家大管区ヴァルテラント）の問題はその一つである（七一ページ地図参照）。「東部編入領」としてドイツ本国に組み込まれたヴァルテガウこそ、大量殺戮の「実験場」「演習場」になったからだ。

最初の巨大ゲットーはヴァルテガウの最大都市ウーチに作られ、膨れあがったゲットー内ユダヤ人の「処理」問題が起こったのも、このウーチであった。そして最初の絶滅収容所も、ウーチ近郊に作られたヘウムノ絶滅収容所であった。

いずれにせよ本書を通して、ホロコーストというユダヤ人大量殺戮について、狂気に満ちた独裁者ヒトラーがアウシュヴィッツで行うよう命令し、実行されたといった直線的なものでは決してないことを理解してほしい。

*

四年前の晩秋、不摂生がたたってしばらく入院した。散々家族に心配をかけ、学期中でもあり、ゼミ生や学生、院生はもとより、職場のスタッフにも迷惑をおかけした。何とか短期で復帰できたが、このときほど周囲の温かい支援・励ましをうれしく思ったことはない。

退院してまもない二〇〇五年初め、筆者に声をかけてくださったのが中公新書編集部の白戸直人氏であった。以後も順調ではなく、このまま終わりかなと弱気になった筆者の遅々として進まぬ執筆迷走ぶりにも実に辛抱強く鷹揚に接して激励し、ささやかながら今日このようなかたちの小著に漕ぎ着けさせてくださったのも、ひとえに並々ならぬ氏の御尽力による。心から感謝申し上げたい。

二〇〇八年三月

芝　健介

月号
――――「日本のホロコースト認識と『SHOAH』」『ドイツ研究』22号（1996年6月）
――――「暴かれたナチスの遺産」『別冊歴史読本・ヒトラー神話の復活』（2000年10月）
――――「ホロコーストとニュルンベルク裁判」『〈東京女子大学〉史論』55集（2002年3月）
――――「工場拉致作戦とローゼンシュトラーセ事件：1943年の事態をめぐる歴史と記憶の問題」『みすず』522号（2004年11月）
――――「ヒトラーをめぐる現代ドイツの歴史学」ヨアヒム・フェスト『ヒトラー：最期の12日間』鈴木直訳（岩波書店　2005年）所収
――――レベッカ・クリフォード『ホロコースト最年少生存者たち』山田美明訳（柏書房　2021年）日本語版解説

主要図版一覧

Schoenberner, Gerhard, *The Yellow Star: The Persecution of the Jews in Europe, 1933-1945*, New York 2005. 87p, 92p, 209p（上）, 225p（上）
Dobroszycki, Lucjan, *The Chronicle of the Lodz Ghetto, 1941-1944*, New Haven And London 1987. 91p, 100p
Berenbaum, Michael, *The World Must Know: The History of the Holocaust as Told in the United States Holocaust Memorial Museum* 1993. 94p, 225p（下）
Spector, Shmuel（EDT）/Wigoder, Geoffrey（EDT）, *The Encyclopedia of Jewish Life (3-Volume Set): Before and during the Holocaust*, New York 2001. 97p

から見た経済と社会』芦書房　2005年
桜井哲夫『占領下パリの思想家たち：収容所と亡命の時代』平凡社　2007年
芝 健介『ヒトラーのニュルンベルク：第三帝国の光と闇』吉川弘文館［歴史文化ライブラリー90］ 2000年
芝 健介『武装 SS：ナチスもう一つの暴力装置』講談社メチエ　1995年
高橋哲哉『記憶のエチカ：戦争・哲学・アウシュヴィッツ』岩波書店　1995年
永岑三千輝『ホロコーストの力学：独ソ戦・世界大戦・総力戦の弁証法』青木書店　2003年
永岑三千輝『アウシュヴィッツへの道：ホロコーストはなぜ、いつから、どこで、どのように』春風社　2022年
西川正雄『現代史の読みかた』平凡社　1997年
松村高夫・矢野久編『大量虐殺の社会史　―戦慄の20世紀―』ミネルヴァ書房　2007年
山口 定『ファシズム』岩波現代文庫　2006年
山本秀行『ナチズムの記憶：日常生活からみた第三帝国』山川出版社　1995年
渡辺和行『ホロコーストのフランス』人文書院　1997年

〈雑誌・論文〉
木村靖二「ナチズム研究の新史料群」『歴史と地理』2007年５月号
佐藤健生・芝 健介「『ワンゼー湖畔の秘密会議』を見る」『世界』1988年12月号
ノルベルト・フライ「ヒトラーの《最終解決》をめぐる学界論争」芝健介訳『東京女子大学比較文化研究所紀要』53号（1992年１月）
ウルリッヒ・ヘルベルト「ホロコースト研究の歴史と現在」永岑三千輝訳『横浜市立大学論叢［社会科学系列］』第53巻第１号（2002年１月）
増田好純「ナチ強制収容所における囚人強制労働の形成」『ヨーロッパ研究』2001年
安井教浩「ルムコフスキの物語」『フラターニティ』第３号（1994年８月）
芝 健介「第三帝国初期のユダヤ人政策：パレスティナへの移送問題を中心に」『國學院大學紀要』20巻（1982年３月）
――――「戦後ドイツの〈ホロコースト〉裁判」『世界』1995年８

Vierteljahrshefte für Zeitgeschichte, Jg. 25（1977）, H. 4, S. 739-775.

Browning, Christopher R., "Zur Genesis der Endlösung. Eine Antwort an Martin Broszat," in : *Vierteljahrshefte für Zeitgeschichte*, Jg. 29（1981）, H. 1, S. 95-109.

———, "Jenseits von 〉Intentionalismus〈 und 〉Funktionalismus〈. Die Entscheidung zur *Endlösung*, in : ders. *Der Weg zur 》Endlösung《*, Bonn 1998, S. 67-104.

Friedländer, Saul, "Vom Antisemitismus zur Judenvernichtung. Eine historiographische Studie zur nationalsozialistischen Judenpolitik und Versuch einer Interpretation," in : Jäckel/Rohwer, a.a.O., S. 18-60.

Gerlach, Christian, "Die Wannsee-Konferenz, das Schicksal der deutschen Juden und Hitlers politische Grundsatzentscheidung, alle Juden Europas zu ermorden," in : *Werkstatt Geschichte* 18（1997）［Thema "Endlösung"］, S. 7-44.

Krausnick, Helmut, "Hitler und die Befehle an die Einsatzgruppen im Sommer 1941," in : Jäckel/Rohwer, a.a.O., S. 88-106.

Orth, Karin, "Rudolf Höss und die 》Endlösung der Judenfrage《. Drei Argumente gegen die Datierung auf den Sommer 1941," in : *Werkstatt Geschichte*, a.a.O., S. 45-58.

〈**書籍**〉

石田勇治・星乃治彦・芝野由和編訳『アウシュヴィッツと《アウシュヴィッツの嘘》』白水社　1995年

井上茂子・木畑和子・芝健介・永岑三千輝・矢野久『1939　ドイツ第三帝国と第二次世界大戦』同文舘出版　1989年

梶村太一郎・石田勇治・金子マーティン・新美隆・本多勝一『ジャーナリズムと歴史認識：ホロコーストをどう伝えるか』凱風社　1999年

川越　修『社会国家の生成：20世紀社会とナチズム』岩波書店　2004年

川越　修・矢野久編『ナチズムのなかの20世紀』柏書房　2002年

木畑和子『キンダートランスポート：ナチス・ドイツからイギリスに渡ったユダヤ人の子供たち』成文堂　1992年

栗原　優『ナチズムとユダヤ人絶滅政策：ホロコーストの起源と実態』ミネルヴァ書房　1997年

斎藤　哲・鎗田英三・八林秀一編集『20世紀ドイツの光と影：歴史

絶滅収容所長との対話』岩波書店　2005年）
Spector, Shmuel, *The Encyclopedia of Jewish Life before and during the Holocaust*, 3 Bde., New York 2001.
Steinbacher, Sybille, *Auschwitz. A History*, Hamondsworth u.a. 2005.
Tal, Uriel, *Christians and Jews in Germany. Religion, Politics, and Ideology in the Second Reich, 1870–1914*, Ithaca 1975.
Temper, Mietek, *Der rettende Weg: Schindlers Liste — die wahre Geschichte*, Hamburg 2005. （下村由一訳『救出への道——シンドラーのリスト・真実の歴史』大月書店　2007年）
Trunk, Isaiah, *Judenrat: the Jewish Councils in Eastern Europe under Nazi Occupation*, Lincoln 1996.
Tych Feliks, *Pamięć: historia Żydów Polskich przed, w czasie, i po Zagładzie,* Warszawa 2004. （阪東宏訳『ポーランドのユダヤ人——歴史・文化・ホロコースト』みすず書房　2006年）
Ueberschär, Gert/Wolfram Wette（Hrsg.）, *"Unternehmen Barbarossa". Der deutsche Überfall auf die Sowjetunion 1941. Berichte, Analysen und Dokumente*, Paderborn u.a. 1984.
Wippermann, Wolfgang, *Wessen Schuld?: vom Historikerstreit zur Goldhagen-Kontroverse*, Berlin 1997. （増谷英樹訳『ドイツ戦争責任論争——ドイツ「再」統一とナチズムの「過去」』未来社　1999年）
————, *Umstrittene Vergangenheit: Fakten und Kontroversen zum Nationalsozialismus*, Berlin 1998. （林功三・柴田敬二訳『議論された過去——ナチズムに関する事実と論争』未来社　2005年）
Wistrich, Robert S., *Who's Who in Nazi Germany*, New York 1995. （滝川義人訳『ナチス時代ドイツ人名事典』東洋書林　2002年）
————, *Hitler and the Holocaust*, New York 2003. （相馬保夫監訳、大山晶訳『ヒトラーとホロコースト』講談社　2006年）
Witte, Peter/Michael Wildt/Martina Voigt/Dieter Pohl/Peter Klein/Christian Gerlach/Christoph Dieckmann/Andrej Angrick（Hrsg.）, *Der Dienstkalender Heinrich Himmlers 1941/42,* Hamburg 1999.
Yahil, Leni, *Die Shoah. Überlebenskampf und Vernichtung der europäischen Juden*, München 1998.

〈独語論文〉

Broszat, Martin, "Hitler und die Genesis der ›Endlösung‹," in:

NS-Stimmungsberichten, 1933-1944, Düsseldorf 2004.

Lanzmann, Claude, *Shoah*, Paris 1985 (deutsch : *Shoah*, München 1986).（高橋武智訳『SHOAH（ショアー）』作品社 1995年）

Laqueur, Walter (Hg.), *The Holocaust Encyclopedia*, New Haven/London 2001.（井上茂子・木畑和子・芝健介・長田浩彰・永岑三千輝・原田一美・望田幸男訳『ホロコースト大事典』柏書房 2003年）

Longerich, Peter, *Politik der Vernichtung : eine Gesamtdarstellung der nationalsozialistischen Judenverfolgung*, München 1998.

———, *"Davon haben wir nichts gewusst!" : die Deutschen und die Judenverfolgung 1933-1945*, München 2006.

Marrus, Michael R., *The Holocaust in History*, New York 1987.（長田浩彰訳『ホロコースト——歴史的考察』時事通信社 1996年）

Mommsen, Hans, *From Weimar to Auschwitz : Essays in German History*, translated by Philip O'Connor, Cambridge 1991.

Paul, Gerhard/Klaus-Michael Mallmann, *Die Gestapo im Zweiten Weltkrieg. »Heimatfront« und besetztes Europa*, Darmstadt 2000.

Ruby, Marcel, *Le Livre de la Déportation : la Vie et la Mort dans les 18 Camps de Concentration et d'Extermination*, Paris 1995.（菅野賢治訳『ナチ強制・絶滅収容所——18施設内の生と死』筑摩書房 1998年）

Rückerl, Adalbert (Hg.), *Nationalsozialistische Vernichtungslager im Spiegel deutscher Strafprozesse. Belzec, Sobibor, Treblinka, Chelmno*, München 1977.

Sammons, Jeffrey L. (Hg.), *Die Protokolle der Weisen von Zion. Die Grundlage des modernen Antisemitismus — eine Fälschung. Text und Kommentar*, Göttingen 1998.

Schleunes, Karl. R., *The Twisted Road to Auschwitz : Nazi Policy toward German Jews, 1933-1939*, Champaign 1970.

Schöttler, Peter (Hg.) *Geschichte als Legitimationswissenschaft 1918-1945*, Frankfurt a. M. 1997.（木谷勤・小野清美・芝健介訳『ナチズムと歴史家たち』名古屋大学出版会 2001年）

Sereny, Gitta, *Into the Darkness : from Mercy Killing to Mass Murder*, London 1974 (deutsch : *Am Abgrund : eine Gewissensforschung : Gespräche mit Franz Stangl, Kommandant von Treblinka, und anderen*, München 1979.（小俣和一郎訳『人間の暗闇——ナチ

——ヒトラーの自発的死刑執行人たち』ミネルヴァ書房　2007年）
Gutman, Yisrael/Michael Berenbaum（Hrsg.）, *Anatomy of the Auschwitz Death Camp*, United States Holocaust Memorial Museum 1994.
Haffner, Sebastian, *Anmerkungen zu Hitler*, München 1978.（赤羽龍夫訳『ヒトラーとは何か』草思社　1979年）
Heim, Susanne/Herbert, Ulrich（u.a. hrsg.）, *Die Verfolgung und Ermordung der europäischen Juden durch das nationalsozialistische Deutschland 1933-1945,* 16 Bde, München/Berlin 2008-2019.
Hilberg, Raul, *The Destruction of the European Jews*, New York/Chicago, Illinois 1961（deutsch : *Die Vernichtung der europäischen Juden. Die Gesamtgeschichte des Holocaust*, Berlin 1982）.（望田幸男・井上茂子・原田一美訳『ヨーロッパ・ユダヤ人の絶滅　上・下』柏書房　1997年）
Hitler, Adolf, *Mein Kampf*, Bd.1 : München　1925 ; Bd.2 : München 1927.（平野一郎・将積茂訳『わが闘争（上）（下）』角川書店　1973年）
Höss, Rudolf, *Kommandant in Auschwitz*, hrsg. v. Martin Broszat, München　1963.（片岡啓治訳『アウシュヴィッツ収容所』講談社　1999年）
Irving, David, *Hitler's War*, New York 1977.（赤羽龍夫訳『ヒトラーの戦争　上・下』早川書房　1983年［1988年　ハヤカワ文庫］）
Jäckel, Eberhard, *Hitlers Herrschaft : Vollzug einer Weltanschauung*, Stuttgart　1986.（滝田毅訳『ヒトラーの世界観——支配の構想』南窓社　1991年）
Jäckel, Eberhard/Jürgen Rohwer（Hrsg.）, *Der Mord an den Juden im Zweiten Weltkrieg. Entschlussbildung und Verwirklichung*, Stuttgart 1985.
Kershaw, Ian, *Hitlers Macht : das Profil der NS-Herrschaft*, München 1992.（石田勇治訳『ヒトラー——権力の本質』白水社　1999年）
Koehl, Robert, *RKFDV. German Resettlement and Population Policy 1939-1945*, Cambridge, Mass. 1957.
Krausnick, Helmut / Hans - Heinrich Wilhelm, *Die Truppe des Weltanschauungskrieges. Die Einsatzgruppen der Sicherheitspolizei und des SD, 1938-1942*, Stuttgart 1981.
Kulka, Otto Dov/Eberhard Jäckel（Hrsg.）, *Die Juden in den geheimen*

Anatomie des SS-Staates, 2 Bde., München 1967.
Browning, Christopher R., *Fateful Months. Essays on the Emergence of the Final Solution*, New York 1985.
———, *Ganz normale Männer. Das Reserve-Polizeibataillon 101 und die "Endlösung" in Polen*, Hamburg 1997.（谷喬夫訳『普通の人びと』筑摩書房　1997年）
———, *The Origins of the Final Solution*, Jerusalem 2003.
Burrin, Philippe, *Hitler und die Juden : die Entscheidung für den Völkermord*, aus dem Französischen von Ilse Strasmann, Frankfurt a.M. 1993.（佐川和茂・佐川愛子訳『ヒトラーとユダヤ人——悲劇の起源をめぐって』三交社　1996年）
Cesarani, David（Hg.）, *Holocaust. Critical Concepts in Historical Studies*, 6 Bde. London 2004.
Cüppers, Martin, *Wegbereiter der Shoah. Die Waffen-SS, der Kommandostab Reichsführer-SS und die Judenvernichtung 1939-1945*, Darmstadt 2005.
Czech, Danuta, *Auschwitz Chronicle, 1939-1945,* New York 1990.
Dawidowicz, Lucy S., *The War against the Jews, 1933-1945*, London 1975.（大谷堅志郎訳『ユダヤ人はなぜ殺されたか　1・2』サイマル出版会　1978〜79年）
Dwork, Deborah, *Kinder mit dem gelben Stern : Europa 1933-1945*, München 1994.（芝健介監修、甲斐明子訳『星をつけた子供たち——ナチ支配下のユダヤの子供たち』創元社　1999年）
Fleming, Gerald, *Hitler and the Final Solution*, Berkeley 1978.
Frei, Norbert, *Der Führerstaat. Nationalsozialistische Herrschaft 1933 bis 1945*, München 1987.（芝健介訳『総統国家——ナチスの支配　1933〜1945年』岩波書店　1994年）
Friedländer, Saul（Hg.）, *Probing the Limits of Representation. Natzism and the "Final Solution"*, Cambridge, Mass. 1992.（上村忠男・小沢弘明・岩崎稔訳『アウシュヴィッツと表象の限界』未来社　1994年）
———, *Den Holocaust beschreiben*, Weimar 2007.
Gerlach, Christian, *Kalkulierte Morde : die deutsche Wirtschafts-und Vernichtungspolitik in Weißrußland 1941 bis 1944*, Hamburg 1999.
Gilbert, Martin, *The Routledge Atlas of the Holocaust*, London　2002.
Goldhagen, Daniel, *Hitlers willige Vollstrecker : ganz gewöhnliche Deutsche und der Holocaust*, München 1996.（望田幸男監訳、北村浩・土井浩・高橋博子・本田稔訳『普通のドイツ人とホロコースト

参考文献

〈欧文書籍〉

Adam, Uwe Dietrich, *Judenpolitik im Dritten Reich*, Düsseldorf 1979.

Alberti, Michael, *Die Verfolgung und Vernichtung der Juden im Reichsgau Wartheland 1939-1945*, Wiesbaden 2006.

Aly, Götz, *"Endlösung". Völkerverschiebung und der Mord an den europäischen Juden*, Frankfurt a.M. 1995. （山本尤・三島憲一訳『最終解決——民族移動とヨーロッパのユダヤ人殺害』法政大学出版局　1998年）

————, *Hitlers Volksstaat*, Frankfurt a.M. 2005.（芝健介訳『ヒトラーの国民国家——強奪・人種戦争・国民的社会主義』岩波書店　2012年）

Anders, Gunther, *Wir Eichmannsöhne : offener Brief an Klaus Eichmann*, München 1964. （岩淵達治訳『われらはみな、アイヒマンの息子』晶文社　2007年）

Arad, Yitzhak, *Belzec, Sobibor, Treblinka. The Operation Reinhard Death Camps*, Bloomington/Indianapolis 1987.

Arendt, Hannah, *Eichmann in Jerusalem. Ein Bericht von der Banalität des Bösen*, München 1964.（大久保和郎訳『イェルサレムのアイヒマン——悪の陳腐さについての報告』みすず書房　1969年）

Berenbaum, Michael, *The World Must Know : the History of the Holocaust as Told in the United States Holocaust Memorial Museum*, The United States Holocaust Memorial Museum 1993. （芝健介日本語監修、石川順子・高橋宏訳『ホロコースト全史』創元社　1996年）

Birn, Ruth Bettina, *Die Höheren SS-und Polizeiführer. Himmlers Vertreter im Reich und in den besetzten Gebieten*, Düsseldorf 1986.

Breitman, Richard, *The Architect of Genocide : Himmler and the Final Solution*, Hanover 1991.

————, *Official Secrets : What the Nazis Planed, What the British and the Americans Knew*, New York 1998. （川上洸訳『封印されたホロコースト』大月書店　2000年）

Brenner, Lenni, *Zionism in the Age of the Dictators*, Lawrence Hill 1983. （芝健介訳『ファシズム時代のシオニズム』法政大学出版局　2001年）

Broszat, Martin/Hans Buchheim/Hans-Adolf Jacobsen/Helmut Krausnick,

	5.15	独，ユダヤ系ハンガリー人の集団移送開始．7/8までに約44万人，大半がアウシュヴィッツ収容所へ
	6.4	連合軍，ローマ占領
	6.6	連合軍，ノルマンディー上陸作戦実施
	7.20	ヒトラー暗殺未遂事件
	7.23	ソ連軍，マイダネク絶滅収容所を解放
	7.24	ソ連軍，ルブリン解放
	8.7	～30　ウーチ・ゲットーの解体．アウシュヴィッツへ7万4000人のユダヤ人移送
	8.20	連合軍，アウシュヴィッツ収容所の空爆開始
	8.25	連合軍，パリ解放
	9.3	アンネ・フランク，アウシュヴィッツ収容所へ移送
	10.7	アウシュヴィッツ収容所でユダヤ人武装蜂起
	10.21	独国内，ドイツ人配偶者がいるユダヤ人の強制移送開始
	11.26	アウシュヴィッツ収容所で最後のユダヤ人の「選別」
1945	1.6	アウシュヴィッツ収容所で最後の「処刑」
	1.17	ソ連軍，ワルシャワ解放
	1.18	アウシュヴィッツ収容所から6万6000人の収容者が独へ向かう「死の行進」開始 ヘウムノ絶滅収容所爆破，閉鎖
	1.20	アウシュヴィッツ収容所で最後のクレマトリウム爆破
	1.27	ソ連軍，アウシュヴィッツ収容所を解放
	2月	～4月　ソ連軍侵攻地域の収容所から独内強制収容所に向かう「死の行進」が行われる
	2.4	ヤルタ会談
	2.13	ソ連軍，ブダペスト解放
	4.11	米軍，ブーヘンヴァルト強制収容所を解放
	4.15	英軍，ベルゲン＝ベルゼン強制収容所を解放
	4.29	米軍，ダハウ強制収容所を解放
	4.30	ヒトラー自殺
	5.5	米軍，マウトハウゼン強制収容所を解放
	5.7	独軍，仏ランスで降伏文書に調印．5/8発効，無条件降伏
	5.23	ヒムラー自殺
	11.20	ニュルンベルク国際軍事裁判開廷
1946	10.1	ニュルンベルク国際軍事裁判最終判決

		移送．4/2までに全員ガス殺
	3.1	ソビブル絶滅収容所建設開始
	3.15	ベウジェツ絶滅収容所始動
	春	アウシュヴィッツ・ビルケナウ収容所でユダヤ人のガス殺開始．絶滅収容所化へ
	3.28	仏のユダヤ人移送開始
	5.7	ソビブル絶滅収容所始動
	5.27	ハイドリヒ襲撃される．6/4没
	7.15	オランダのユダヤ人移送開始
	7.17	～19　ヒムラー，アウシュヴィッツ，ベウジェツ，ソビブル各絶滅収容所訪問．以後，大量殺戮が恒常的に
	7.19	ヒムラー，総督領ユダヤ人の抹殺を指示
	7.22	ワルシャワ・ゲットーからトレブリンカ絶滅収容所への大量移送開始
	7.23	トレブリンカ絶滅収容所始動
	7.23	ワルシャワのユダヤ人評議会議長A・チェルニアクフ自殺
	10月	マイダネク絶滅収容所，ガス殺開始
1943	2.2	独軍，スターリングラードで降伏
	2月末	独国内ユダヤ人，当局が一斉に拉致
	3.5	独国内，ユダヤ人全国組織停止に．独国内残留ユダヤ人のほとんどが絶滅収容所へ．数千人が地下に潜行
	3.22	アウシュヴィッツ収容所でクレマトリウムⅣ（ガス室＋焼却炉）が始動，以後6月までに4つ始動
	4.19	米英によるユダヤ人問題討議，「バミューダ会議」開催 ワルシャワ・ゲットー蜂起（～5/16）
	8月	グロボチュニク，ルブリン地区から異動
	8.2	トレブリンカ絶滅収容所で，ユダヤ人武装蜂起
	10.13	伊，独に宣戦布告
	10.14	ソビブル絶滅収容所で，ユダヤ人武装蜂起
	10.19	「ラインハルト作戦」終了
	11月	トレブリンカ絶滅収容所，閉鎖・解体
	11.3	マイダネク絶滅収容所で1万7000人のユダヤ人を射殺
	11.28	～12/1　テヘラン会談．チャーチル，ローズヴェルト，スターリンによって欧州第二戦線構築などを協議
1944	3.19	独軍，ハンガリー占領
	4.7	アウシュヴィッツ収容所からR・ヴルバら2人脱走．4/10大量殺戮情報を連合国に伝える
	4月	ヘウムノ絶滅収容所再起動

1941	3. 3	ヒトラー，ユダヤ人とボリシェヴィキ知識人の「除去」を言明，6/6国防軍統合司令部から共産党委員を見つけしだい殺害せよという「コミッサール命令」
	3. 7	独墺内，ユダヤ人への強制労働義務の導入
	3.26	ハイドリヒ，ゲーリングにユダヤ人問題の計画案提出
	6.22	独軍，ソ連へ侵攻．独ソ戦開始
	6.23	行動部隊を中心にソ連領内のユダヤ人射殺開始（行動部隊だけで半年間に約50万人殺害）
	7. 1	独軍，リガ占領，7月末までに1万8000人のユダヤ人殺害
		行動部隊D，ベッサラビアで作戦開始．8月末までにユダヤ人約15万人を殺害
	7.31	ハイドリヒ，「ユダヤ人問題全面解決準備全権」に就任
	8.15	ヒムラー，A・ネーベに射殺以外の殺害方法検討を依頼
	8.24	教会などの抗議で障害者の「安楽死」作戦，公式には中止
	9. 1	独墺内ユダヤ人に黄色い星着用義務付け
	9. 3	（5日？）アウシュヴィッツ収容所，ツィクロンBでソ連軍捕虜など900人を殺害実験
	9. 8	レニングラード包囲開始（～'44/2/27）
	9.17	大ドイツ国家領域内のユダヤ人移送決定
	9.26	独軍，キエフ占領
	9.29	～30「バービー・ヤールの虐殺」．キエフ近郊でユダヤ人3万3771名を殺害
	10.13	「ラインハルト作戦」開始．ヒムラー，ベウジェツ絶滅収容所の建設をO・グロボチュニクに委任
	10月	アウシュヴィッツ収容所内に大量殺戮を目的としたビルケナウ収容所建設開始
		独国内のユダヤ人，出国禁止に
	11. 1	ベウジェツ絶滅収容所建設開始
	11.30	「リガの血の日曜日」．ユダヤ人約4000人を殺害
	12. 9	ヘウムノ絶滅収容所で移動ガス・トラックによる殺戮始動（～'43/3月末）
	12.11	日本の真珠湾攻撃を受け，米に宣戦布告
	12.15	モスクワ前面から撤退
1942	1.16	ヘウムノ絶滅収容所へウーチ・ゲットーから1万人以上移送．29日に全員殺害
	1.20	ヴァンゼー会議．ユダヤ人の全面的追放から計画的大量殺戮へ政策転換を確認
	2.24	ヘウムノ絶滅収容所へウーチ・ゲットーから3万人以上

	11.12	H・ゲーリングがユダヤ人問題全権に就任
1939	1.24	ユダヤ人出国全国センターをベルリンに設置
	3.14	スロヴァキア分離・独立
	3.15	独軍，チェコスロヴァキアに進駐
	3.22	チェコをベーメン・メーレン保護領に
	5.15	ラーヴェンスブリュックに女性用強制収容所開設
	8月	障害者に対する「安楽死」作戦実質的開始
	8.23	独ソ不可侵条約締結
	9.1	独軍，ポーランドに侵攻．ユダヤ人夜間外出禁止令
	9.3	英仏，独に宣戦布告，第2次世界大戦始まる
	9.17	ソ連，ポーランドに侵攻
	9.21	R・ハイドリヒ，ポーランド・ユダヤ人を独編入領からの東方へ追放し鉄道沿線の共同体に集住するよう指示．ユダヤ人評議会設置を布告
	9.27	ハイドリヒをトップに国家保安本部設置
	10.6	ポーランド降伏
	10.7	H・ヒムラー，ドイツ民族強化全権に就任
	10.8	ポーランド内ピオトロクフ・トリブナルスキに最初のゲットー設置
	10.26	ポーランド内に「総督領」設置
	10月	ツィクロンBを使った最初のガス殺実験
	11.23	ポーランド内10歳以上のユダヤ人，ダヴィデの星の腕章着用義務付け
	12.5	ポーランドのユダヤ人資産没収
1940	2.8	ウーチにゲットー設置，4/30外部から封鎖
	4.9	独軍，デンマークとノルウェーに侵攻
	4.15	独国内，障害者施設内ユダヤ人を拘束，6月から殺害
	4.20	ヒムラー，アウシュヴィッツに一大強制収容所建設指令
	4.27	アウシュヴィッツ，強制収容所として建設開始．6/14開所
	5.10	独軍，ベネルクス3国侵攻
	5.17	独軍，フランスに侵攻
	5月	ランゲ特別行動隊，1500人の独障害者をガス殺（～6月）
	6.15	ソ連，バルト3国占領
	6.21	仏，降伏
	7月末	「マダガスカル計画」断念，ゲットー建設本格化
	9.27	日独伊三国同盟締結
	10.12	ワルシャワ・ゲットー設置．11/15封鎖
	12.18	ヒトラー，ソ連侵攻を指令

ホロコースト＋ナチ・ドイツ関連年表

年	月日	出来事
1919	9月	ヒトラー，ドイツ労働者党入党
1920	2.24	国民社会主義ドイツ労働者党（ナチ党）に改編
1923	11.8	ミュンヒェン一揆
1925		『わが闘争』第1巻出版
1932	7.31	総選挙，ナチ党得票率37.4%で第1党に
1933	1.30	ヒトラー首相就任
	2.27	国会議事堂放火事件
	3.20	ダハウに初の強制収容所設置
	3.23	全権委任法成立
	4.1	ユダヤ系商店などへの全国ボイコット
	4.7	職業官吏再建法発布（官吏からのユダヤ人排除）
	4.25	ドイツ学校・大学過剰解消法公布
	7.14	ナチ党による一党独裁宣言
	8月	パレスティナのユダヤ機関と「ハーヴァラ（移転）協定」締結
	10.19	国際連盟脱退
1934	2.28	国防軍「アーリア条項」受け入れ
	8.2	ヒンデンブルク大統領死去，ヒトラー首相・大統領兼務（総統はナチ党での名称）
1935	3.16	ヴェルサイユ条約に違反する徴兵制復活
	9.15	ニュルンベルク人種法（ドイツ国公民法，ドイツ人の血と名誉を守るための法）公布
1936	2.4	W・グストロフ暗殺事件
	2.6	～16　ガルミッシュ＝パルテンキルヒェン冬季五輪
	3.7	ラインラント進駐
	8.1	～16　ベルリン夏季五輪
1937	7.16	ブーヘンヴァルト強制収容所開設
1938	3.13	オーストリア併合
	3.28	ユダヤ教宗教団体の法律関係に関する法公布
	4.26	ユダヤ人資産申告令公布
	7.5	～15　仏，エヴィアンでユダヤ難民問題の国際会議
	8.26	ウィーンに，ユダヤ人出国中央本部設置
	9.29	ミュンヒェン協定成立，チェコのズデーテン地方併合
	11.7	H・グリュンシュパンによる，フォン・ラート狙撃事件
	11.9	「水晶の夜」（～10日未明）

芝 健介（しば・けんすけ）

1947（昭和22）年，愛媛県生まれ．東京大学法学部政治学科卒業．80年東京大学大学院社会学研究科国際関係論博士課程単位取得退学．82年國學院大學文学部助教授．89年より東京女子大学文理学部史学科助教授，91年より同教授．2016年より東京女子大学名誉教授．

著書『武装 SS』（講談社メチエ，1995年）
『ヒトラーのニュルンベルク』（吉川弘文館，2000年）
『武装親衛隊とジェノサイド』（有志舎，2008年）
『ニュルンベルク裁判』（岩波書店，2015年）
『ヒトラー――虚像の独裁者』（岩波新書，2021年）
訳書『ファシズム時代のシオニズム』（レニ・ブレンナー著，法政大学出版局，2001年）
『二つのドイツ－1945～1990』（メアリー・フルブルック著，岩波書店，2009年）
ほか多数

ホロコースト
中公新書 *1943*

2008年4月25日初版
2022年8月30日10版

著 者 芝 健介
発行者 安部順一

本文印刷 三晃印刷
カバー印刷 大熊整美堂
製 本 小泉製本

発行所 中央公論新社
〒100-8152
東京都千代田区大手町 1-7-1
電話 販売 03-5299-1730
編集 03-5299-1830
URL https://www.chuko.co.jp/

Published by CHUOKORON-SHINSHA, INC.
Printed in Japan ISBN978-4-12-101943-1 C1222

中公新書刊行のことば

いまからちょうど五世紀まえ、グーテンベルクが近代印刷術を発明したとき、書物の大量生産は潜在的可能性を獲得し、いまからちょうど一世紀まえ、世界のおもな文明国で義務教育制度が採用されたとき、書物の大量需要の潜在性が形成された。この二つの潜在性がはげしく現実化したのが現代である。

いまや、書物によって視野を拡大し、変りゆく世界に豊かに対応しようとする強い要求を私たちは抑えることができない。この要求にこたえる義務を、今日の書物は背負っている。だが、その義務は、たんに専門的知識の通俗化をはかることによって果たされるものでもなく、通俗的好奇心にうったえて、いたずらに発行部数の巨大さを誇ることによって果たされるものでもない。現代を真摯に生きようとする読者に、真に知るに価いする知識だけを選びだして提供すること、これが中公新書の最大の目標である。

私たちは、知識として錯覚しているものによってしばしば動かされ、裏切られる。私たちは、作為によってあたえられた知識のうえに生きることがあまりに多く、ゆるぎない事実を通して思索することがあまりにすくない。中公新書が、その一貫した特色として自らに課すものは、この事実のみの持つ無条件の説得力を発揮させることである。現代にあらたな意味を投げかけるべく待機している過去の歴史的事実もまた、中公新書によって数多く発掘されるであろう。

中公新書は、現代を自らの眼で見つめようとする、逞しい知的な読者の活力となることを欲している。

一九六二年一一月

哲学・思想

中公新書

宗教・倫理

b1

日本史

d3

2675 江戸―平安時代から家康の建設へ　齋藤慎一
476 江戸時代　大石慎三郎
2552 藩とは何か　藤田達生
2565 大御所 徳川家康　三鬼清一郎
1227 保科正之《ほしなまさゆき》　中村彰彦
740 元禄御畳奉行の日記　神坂次郎
2531 火付盗賊改《ひつけとうぞくあらため》　高橋義夫
853 遊女の文化史　佐伯順子
2376 江戸の災害史　倉地克直
2584 椿井文書―日本最大級の偽文書　馬部隆弘
2380 ペリー来航　西川武臣
2047 オランダ風説書　松方冬子
1958 幕末維新と佐賀藩　毛利敏彦
2497 公家たちの幕末維新　刑部芳則
1754 幕末歴史散歩 東京篇　一坂太郎

1811 幕末歴史散歩 京阪神篇　一坂太郎
2617 暗殺の幕末維新史　一坂太郎
1773 新選組　大石学
2040 鳥羽伏見の戦い　野口武彦
455 戊辰戦争　佐々木克
1235 奥羽越列藩同盟　星亮一
1728 会津落城　星亮一
2498 斗南《となみ》藩―「朝敵」会津藩士たちの苦難と再起　星亮一

中公新書

世界史

世界史

1045 物語 イタリアの歴史 藤沢道郎
1771 物語 イタリアの歴史Ⅱ 藤沢道郎
2508 貨幣が語るローマ帝国史 比佐篤
2595 ビザンツ帝国 中谷功治
2663 物語 イスタンブールの歴史 宮下遼
2152 物語 近現代ギリシャの歴史 村田奈々子
2440 バルカン―「ヨーロッパの火薬庫」の歴史 M・マゾワー 井上廣美訳
1635 物語 スペインの歴史 岩根圀和
1750 物語 スペインの歴史 人物篇 岩根圀和
1564 物語 カタルーニャの歴史（増補版） 田澤耕
2582 百年戦争 佐藤猛
2658 物語 パリの歴史 福井憲彦
1963 物語 フランス革命 安達正勝
2286 マリー・アントワネット 安達正勝
2466 ナポレオン時代 A・ホーン 大久保庸子訳
2529 ナポレオン四代 野村啓介
2318 2319 物語 イギリスの歴史（上下） 君塚直隆
2696 物語 スコットランドの歴史 中村隆文
2167 イギリス帝国の歴史 秋田茂
1916 ヴィクトリア女王 君塚直隆
1215 物語 アイルランドの歴史 波多野裕造
1420 物語 ドイツの歴史 阿部謹也
2304 ビスマルク 飯田洋介
2490 ヴィルヘルム2世 竹中亨
2583 鉄道のドイツ史 鴋澤歩
2546 物語 オーストリアの歴史 山之内克子
2434 物語 オランダの歴史 桜田美津夫
2279 物語 ベルギーの歴史 松尾秀哉
1838 物語 チェコの歴史 薩摩秀登
2445 物語 ポーランドの歴史 渡辺克義
1131 物語 北欧の歴史 武田龍夫
2456 物語 フィンランドの歴史 石野裕子
1758 物語 バルト三国の歴史 志摩園子
1655 物語 ウクライナの歴史 黒川祐次
1042 物語 アメリカの歴史 猿谷要
2209 アメリカ黒人の歴史 上杉忍
2623 古代マヤ文明 鈴木真太郎
1437 物語 ラテン・アメリカの歴史 増田義郎
1935 物語 メキシコの歴史 大垣貴志郎
1547 物語 オーストラリアの歴史 竹田いさみ
2545 物語 ナイジェリアの歴史 島田周平
1644 ハワイの歴史と文化 矢口祐人
2561 キリスト教と死 指昭博
2442 海賊の世界史 桃井治郎
518 刑吏の社会史 阿部謹也

現代史

- 2105 昭和天皇　古川隆久
- 2687 天皇家の恋愛　森 暢平
- 2309 朝鮮王公族―帝国日本の準皇族　新城道彦
- 2482 日本統治下の朝鮮　木村光彦
- 632 海軍と日本　池田 清
- 2703 帝国日本のプロパガンダ　貴志俊彦
- 2192 政友会と民政党　井上寿一
- 1138 キメラ―満洲国の肖像（増補版）　山室信一
- 2348 日本陸軍とモンゴル　楊 海英
- 2144 昭和陸軍の軌跡　川田 稔
- 2587 五・一五事件　小山俊樹
- 76 二・二六事件（増補改版）　高橋正衛
- 2059 外務省革新派　戸部良一
- 1951 広田弘毅　服部龍二
- 2657 平沼騏一郎　萩原 淳
- 795 南京事件（増補版）　秦 郁彦
- 84 90 太平洋戦争（上下）　児島 襄
- 2707 大東亜共栄圏　安達宏昭
- 2465 日本軍兵士―アジア・太平洋戦争の現実　吉田 裕
- 2387 戦艦武蔵　一ノ瀬俊也
- 2525 硫《い》黄《おう》島《とう》　石原 俊
- 2337 特攻―戦争と日本人　栗原俊雄
- 244 248 東京裁判（上下）　児島 襄
- 2015 「大日本帝国」崩壊　加藤聖文
- 2296 日本占領史 1945-1952　福永文夫
- 2411 シベリア抑留　富田 武
- 2471 戦前日本のポピュリズム　筒井清忠
- 2171 治安維持法　中澤俊輔
- 1759 言論統制　佐藤卓己
- 828 清沢《きよさわ》洌《きよし》（増補版）　北岡伸一
- 2638 幣原喜重郎　熊本史雄
- 1243 石橋湛山　増田 弘
- 2515 小泉信三―天皇の師として、自由主義者として　小川原正道

政治・法律

中公新書

現代史

f3

2590 人類と病 詫摩佳代
2664 歴史修正主義 武井彩佳
2451 トラクターの世界史 藤原辰史
2666 ドイツ・ナショナリズム 今野 元
2368 第一次世界大戦史 飯倉 章
2681 リヒトホーフェン―撃墜王とその一族 森 貴史
27 ワイマル共和国 林 健太郎
478 アドルフ・ヒトラー 村瀬興雄
2553 ヒトラーの時代 池内 紀
2272 ヒトラー演説 高田博行
1943 ホロコースト 芝 健介
2349 ヒトラーに抵抗した人々 對馬達雄
2610 ヒトラーの脱走兵 對馬達雄
2448 闘う文豪とナチス・ドイツ 池内 紀
2329 ナチスの戦争 1918-1949 R・ベッセル 大山 晶訳

2313 ニュルンベルク裁判 A・ヴァインケ 板橋拓己訳
2266 アデナウアー 板橋拓己
2615 物語 東ドイツの歴史 河合信晴
2274 スターリン 横手慎二
530 チャーチル（増補版） 河合秀和
2643 イギリス1960年代 小関 隆
2578 エリザベス女王 君塚直隆
1415 フランス現代史 渡邊啓貴
2356 イタリア現代史 伊藤 武
2221 バチカン近現代史 松本佐保
2415 トルコ現代史 今井宏平
2670 サウジアラビア―「イスラーム世界の盟主」の正体 高尾賢一郎
2538 アジア近現代史 岩崎育夫
2586 東アジアの論理 岡本隆司
2437 中国ナショナリズム 小野寺史郎
2600 孫基禎《ソン・ギジョン》―帝国日本の朝鮮人メダリスト 金 誠
2034 感染症の中国史 飯島 渉

2700 新疆ウイグル自治区 熊倉 潤
1959 韓国現代史 木村 幹
2602 韓国社会の現在 春木育美
2682 韓国愛憎 木村 幹
2596 インドネシア大虐殺 倉沢愛子
1596 ベトナム戦争 松岡 完
2330 チェ・ゲバラ 伊高浩昭
1664 1665 アメリカの20世紀（上下） 有賀夏紀
2626 フランクリン・ローズヴェルト 佐藤千登勢
2527 大統領とハリウッド 村田晃嗣
2479 スポーツ国家アメリカ 鈴木 透
2540 食の実験場アメリカ 鈴木 透
2504 アメリカとヨーロッパ 渡邊啓貴
2163 人種とスポーツ 川島浩平